Ensino de produção textual

Consulte nosso catálogo completo e últimos lançamentos em **www.editoracontexto.com.br.**

Ensino de produção textual

Fábio André Coelho
Roza Palomanes
(Organizadores)

editoracontexto

Montagem de capa e diagramação
Gustavo S. Vilas Boas

Preparação de textos
Lilian Aquino

Revisão
Daniela Marini Iwamoto

Dados Internacionais de Catalogação na Publicação (CIP)
Angélica Ilacqua CRB-8/7057

Ensino de produção textual / Fábio André Coelho
e Roza Palomanes (orgs.). – 1. ed., 2ª reimpressão. –
São Paulo : Contexto, 2026.
128 p.

Bibliografia
ISBN 978-85-7244-954-0

1. Língua portuguesa – Estudo e ensino 2. Redação
I. Coelho, Fábio André II. Palomanes, Roza

16-0161 CDD 469.5

Índice para catálogo sistemático:
1. Língua portuguesa – Gramática

2026

EDITORA CONTEXTO
Diretor editorial: *Jaime Pinsky*

Rua Dr. José Elias, 520 – Alto da Lapa
05083-030 – São Paulo – SP
PABX: (11) 3832 5838
contato@editoracontexto.com.br
www.editoracontexto.com.br

Sumário

APRESENTAÇÃO 7

PRÁTICAS PEDAGÓGICAS PARA
O DESENVOLVIMENTO DAS COMPETÊNCIAS EM ESCRITA 9
Irandé Antunes

CORREÇÃO E AVALIAÇÃO DE TEXTOS 23
Leonor Werneck dos Santos e *Claudia de Souza Teixeira*

COMO INSERIR A ESCRITA ARGUMENTATIVA EM SALA DE AULA... 43
Roza Palomanes e *Lygia Maria*

IDEIAS E PRÁTICAS NA PRODUÇÃO TEXTUAL 57
Maria Teresa G. Pereira

Ensinando a documentar o pensamento 75
Darcilia Simões

Planejamento de textos para sua produção 87
Luiz Carlos Travaglia

As perspectivas dos PCNs para o ensino reflexivo
da língua e da produção de textos 109
Fábio André Coelho

Os organizadores 121

Os autores 123

Apresentação

Este livro é fruto de reflexões surgidas a partir de nossas experiências como professores do ensino básico e como pesquisadores que buscam aliar as pesquisas científicas desenvolvidas nas melhores universidades do país à realidade educacional brasileira.

Temos ouvido questionamentos por parte dos docentes de língua portuguesa, sobretudo os recém-formados, acerca da dificuldade de se ensinar o aluno do ensino fundamental a produzir textos de qualidade. Na tentativa de atender aos apelos que nos chegam, convidamos outros docentes, com experiência nos dois níveis educacionais – básico e superior – e comprometidos com pesquisas que se voltam ao ensino, a apresentarem propostas práticas para a produção textual, em especial no ensino fundamental.

Assim surgiu este livro, que se destina a todos aqueles docentes de língua portuguesa que enfrentam, diariamente, essa angústia de não saber como desenvolver com seus alunos a prática de produção textual que se almeja; também é destinado aos futuros professores da língua materna, graduandos ou pós-graduandos de Letras e mestrandos do Profletras – Mestrado Profissional em Letras.

Propusemos aos autores convidados colaborações práticas ao público a que este livro se destina. Esperamos que a leitura deste livro atinja seu objetivo, que é o de contribuir para o ensino mais eficaz da produção textual a partir de reflexões e propostas práticas que visam auxiliar o docente nesta tarefa.

E, finalmente, queremos registrar nosso agradecimento aos autores, que, gentilmente, aceitaram nosso convite, oferecendo-nos valiosas reflexões.

Os organizadores

Práticas pedagógicas para o desenvolvimento das competências em escrita

Irandé Antunes

Vou desenvolver o tema desta reflexão em três subtemas:

1. Existe, de fato, a *necessidade* de desenvolver competências em escrita?
2. Que *competências* seriam essas?
3. Que *práticas pedagógicas* poderiam promover o desenvolvimento dessas competências?

Vamos ao primeiro ponto.

Existe a *necessidade* de desenvolver competências em escrita?

Tem sentido, sim, admitir a necessidade de desenvolver, no momento atual, competências em escrita, o que pode ser comprovado pelas razões a seguir comentadas.

Em primeiro lugar, essa necessidade de saber escrever decorre da *pluralidade cultural* provocada pelo crescente processo de urbanização a que foi submetido o mundo atual. Os limites entre o mundo rural e o mundo urbano, tão claros em épocas passadas e tão propícios à homogeneidade cultural, se alteraram ou se desfizeram, até.

Em sequência a esse processo de urbanização, vemos uma maior mobilidade dos grupos humanos, com mútuas influências, que, por sua vez, passaram a implicar novos valores e novas necessidades culturais, envolvendo, como é natural, todas as atividades de linguagem. Pensemos, por exemplo, na pluralidade sociocultural que resultou do fluxo das comunidades rurais para a cidade, e, no outro sentido, das práticas urbanas para os espaços rurais, agora não mais restritos às interações imediatas da oralidade.

Ou seja, a cidade passou a ser o destino dos que viviam no campo, e o campo foi invadido por toda uma diversidade de práticas sociais e de comunicação próprias da cidade. Já vai longe o tempo em que, no meio rural, nada ou pouco se escrevia ou era objeto de leitura. Essa ordem de estabilidade das coisas instituía certa homogeneização das situações e inibia a entrada de novos padrões e necessidades. No cenário atual, essa ordem de *estabilização* praticamente desaparece e se instaura, pelo contrário, o confronto com o novo, o diferente, o diverso.

> Em suma, esse *novo mundo atual*, sem limites tão claros entre o rural e o urbano, entre o letrado e o não letrado, tem criado uma série de novas necessidades. Entre elas, é claro, a exigência de que todos saibam ler e escrever.

Em segundo lugar, esse processo de urbanização, seguido de uma maior densidade demográfica, tem levado a um uso maior da escrita como meio de circulação dos mais diferentes tipos de informação.

Com efeito, a vida nas cidades pede mais utilização da escrita, para fins de informar, advertir, regular, organizar, enfim, a atuação das pessoas. Nesse contexto, os contatos orais ficam cada vez mais restritos ao círculo familiar e privado. Assistimos, sempre mais, a um mundo que interage pela escrita. São jornais, revistas, livros, folhetos, cartazes, placas, entre outros, a nos apelar para a informação e para a orientação social. A complexidade inerente à vida das pessoas nas grandes cidades impõe a conveniência, a economia e a eficácia da comunicação escrita.

> Ou seja, cada vez mais somos – nas cidades e no campo – expostos à circulação de mensagens escritas.

Em terceiro lugar, tenhamos em conta as invenções tecnológicas ligadas ao entretenimento, à publicidade e à informação, as quais adotam outros tipos de configuração textual, tipos que, embora expressos em outras linguagens, não dispensam os recursos e estratégias da escrita convencional.

Embora numa velocidade que é quase semelhante à da oralidade, a linguagem da internet, por exemplo, em sua mais usual maneira de interagir, privilegia a utilização da escrita. Na transmissão televisiva, são comuns as práticas de oralização de textos escritos, isto é, textos que parecem orais, mas que, na verdade, estão sendo lidos, o que confirma o modelo atual de vincular a informação ao uso da escrita.

> Quer dizer, sem sombra de dúvida, graças também às inovações tecnológicas, escrevemos mais agora que em tempos passados.

Por fim, lembramos a mobilidade social ocorrida no Brasil (embora uma mobilidade ainda distante do que queremos). Essa abertura de oportunidades repercute no mercado de trabalho, cada vez mais exigente de profissionais competentes, versáteis, fluentes, o que atinge o exercício da linguagem, oral e escrita, sobretudo aquela menos informal.

Atualmente, quase todos os programas de seleção de pessoal exigem aptidões comunicativas mais amplas e, cada vez mais, optam por avaliações centradas no uso da língua escrita.

> Ou seja, convivemos com *mais e novas necessidades socioculturais de interação*, de contato, de relacionamento, ante o "novo mundo social e de trabalho". Tudo isso se acentua quando se trata da interação por meio da escrita.

E a escola? E as salas de aula?

A escola não pode deixar de perceber *essas novas necessidades*. Nem pode limitar-se à mera informatização de seus dados, com a ingênua pretensão de estar modernizando-se. Não é pelo fato de os alunos usarem cartões magnéticos para entrar na escola, ou terem acesso aos dados de seu histórico escolar via internet, que se pode considerar a escola como atenta às exigências contemporâneas de outras práticas de linguagem.

À escola cabe inserir-se nesse novo leque de necessidades comunicativas, exatamente para responder a elas. Hoje, ainda prevalece uma escola demasiadamente *oralizada*, centrada em explicações orais, destinadas, por vezes, a *traduzirem* as explicações escritas.

Na verdade, ainda temos uma escola em que se escreve pouco; uma escola que funciona *com poucos livros* (algumas, quase sem eles) ou com pouca consulta a fontes bibliográficas. O resultado é que o acesso do aluno ao saber teórico, ao conhecimento, se faz, sempre, pela intermediação do oral.

Assim, não é estranha a dificuldade dos alunos para, com autonomia, ler textos teóricos, que, em geral, são escritos num registro formal e técnico. Consequentemente, da pouca convivência dos alunos com a leitura de textos resulta também a dificuldade para escrever textos mais formais.

> Em suma, ainda existe, na escola atual, apesar de tantos apelos de outras instâncias sociais, pouco contato dos alunos com a língua escrita.

Vamos ao segundo ponto.

Que *competências* em escrita são solicitadas?

Quer olhemos para as atuais condições de vida dos grupos humanos, quer para os avanços da teoria linguística, percebemos que novas concepções de linguagem e novas aptidões comunicativas se impõem. Por outras palavras, o novo mundo a ser vivido e os últimos destaques da teoria linguística põem no centro outras dimensões da linguagem e, daí, outras competências comunicativas.

Entre essas, merece enumerar as seguintes.

- *Competências para a autoria:* a escrita, segundo concepções teóricas recentes, tem sido entendida *como lugar de uma fonte enunciadora*, como *lugar da expressão de alguém* que, em nome próprio ou não, assume a palavra, porque precisa, quer e pode dizer alguma coisa, porque precisa, quer e pode fazer alguma intervenção. Portanto, a escrita é um lugar preenchido por um enunciador, que ocupa um dos lados da atuação verbal. Ou seja, existe alguém que assume *a condição de ser autor de um dizer*.

- *Competências para a interação:* a escrita também tem ganhado destaque como *atividade de interação*, como lugar de encontro entre autor e leitor. Portanto, tem ganhado destaque a escrita *de dois lugares*, a escrita como atividade de *falar a um outro*. Dessa condição interativa da escrita, derivam implicações, como, por exemplo, poder-se prever *para quem se escreve*; *com quem se está interagindo*; *quem vai ter um encontro marcado com o texto que se escreve etc*. (A escrita da escola tem sido, em muitos casos, uma escrita sem interlocutor, pois ainda acontecem atividades de escrita sob o comando vago e impreciso de *Fale sobre...*; *falar a quem*? ou, ainda, exercícios de escrever frases a partir de uma determinada palavra.)
- *Competências para a escrita de textos:* com os avanços da Pragmática Linguística, que vê a linguagem *como atividade social*, outra dimensão das línguas concerne à sua textualidade e aos critérios que definem o seu funcionamento como atividade comunicativa. Nesse âmbito, cresce o interesse pela escrita como ação de *textualização*, regulada pelas propriedades da coesão e da coerência (ver, a propósito, Antunes, 2004). A competência para produzir *peças inteiras de linguagem*, e não fragmentos soltos e desarticulados, pede um *novo aparelho de conceitos e de definições* (ver Adam, 2008: 75) e se torna, cada dia, mais exigida e relevante para o exercício da vida social.
- *Competências para a funcionalidade comunicativa:* por ser ação de linguagem, a escrita é uma atividade funcional, isto é, orientada, inevitavelmente, para uma determinada finalidade; para expressão de uma intenção, de um propósito. Escreve-se para informar, narrar, definir, explicar, comentar, suscitar reflexões, defender um ponto de vista, convencer, advertir,

expor um tema, protestar, reivindicar e tantas outras coisas. *Ninguém escreve pra nada*. Inclusive, a própria organização do texto, como propõe Charaudeau (2008), depende da natureza dos propósitos comunicativos pretendidos.

- *Competências para a adequação contextual:* a escrita se realiza como uma *atividade contextualizada*, inserida numa determinada prática social, numa *cena genérica*, ou sob a forma de um gênero de texto específico, nos termos de Maingueneau (2001). Nossas escritas, uma vez que não podem deixar de ser práticas sociais, são sempre sujeitas às convenções de um determinado gênero de texto.
- *Competências ligadas à escrita como atividade multimodal:* nas transações do mundo contemporâneo, são extremamente valorizados textos que incorporam, em seu aparato gráfico, outros modos e recursos visuais de significar, ou a escrita que conjuga o verbal e o não verbal.
- *Competências ligadas à escrita do mundo virtual:* ou da escrita como atividade que saiu dos limites convencionais do papel ou dos suportes ligados à imprensa, para, fazendo jus ao rótulo de *mundo virtual*, entrar *por mares nunca navegados* e ir, até novas *Américas*, onde *o céu parece ser o único limite*.
- *Competências*, enfim, ligadas *à escrita como atividade representativa das sociedades com um maior grau de letramento*, por isso mesmo elevando a escrita à condição de necessidade social, a uma exigência de inclusão social, gozando, assim, de mais prestígio do que gozam as experiências orais mais monitoradas. Não se pode desconhecer a condição de exclusão social em que vivem os analfabetos ou os analfabetos funcionais, de muitas maneiras dolorosamente *lembrados* da sua condição de *menores* ou de *não hábeis*.

> Ou seja, existe, nas sociedades contemporâneas, uma maior valorização da escrita, uma mais consistente compreensão de suas funções sociais e de suas novas formas de permitir ao homem fazer-se presente na grande rede das relações sociais, sejam elas próximas ou remotas, convencionais ou não.

Que *práticas pedagógicas* poderiam promover o desenvolvimento de tais competências?

Em primeiro lugar, o desenvolvimento de tais competências poderá ser promovido por um trabalho *de reflexão e de análise do próprio processo de escrever*. Essa reflexão pode acontecer antes e durante as atividades e deve incidir sobre o processo mesmo da escrita, seus pressupostos, condições específicas de efetivação, relações com a oralidade e as convenções a que está submetida.

Essa reflexão poderá favorecer uma compreensão mais consistente da atividade de escrever, pondo fim às mistificações simplistas e reducionistas do ato de escrever ou aquelas outras aterrorizadoras provindas da estrita correção gramatical. Os mitos de que *A escrita é um dom*; *O escritor já nasce feito*; *A escrita é pra poucos*; *Escrever é muito difícil*; *Escrever bem é escrever corretamente* etc. poderia sofrer uma reavaliação.

Com a desmontagem desses mitos, os alunos *acreditariam* que são *capazes* e se arriscariam a tentar fazer experiências e a crer que podem aprender, inclusive, com as experiências malsucedidas. Parece que se acredita pouco na força de uma reflexão bem fundamentada, de um debate aberto e plural sobre as atividades de linguagem, como as de escrever, por exemplo.

Em geral, as coisas ditas em sala de aula têm um caráter de *certezas irretocáveis*, definidas e garantidas para o resto da vida; são propostas como se fossem dogmas, que apenas precisam ser aceitos. Além disso, limitam-se a aspectos externos ou periféricos das questões.

Um debate, como disse, aberto e plural, sobre o próprio ato de escrever, sobre as crenças ingênuas que rondam a compreensão desse ato, sobre os procedimentos inerentes à sua realização, muito poderia contribuir para que os alunos se lançassem na empreitada de percorrer esse caminho.

No âmbito desse trabalho de reflexão, caberia levar o aluno a perceber a significação social da escrita nos tempos modernos e a sentir a necessidade de desenvolver as competências correspondentes. *É difícil aprender-se qualquer coisa que não nos pareça significativa e, por alguma razão, necessária.*

Em segundo lugar, o desenvolvimento das competências em escrita poderá ser promovido, sobretudo, pela prática *do texto planejado e revisado.* Nem o planejamento nem a revisão dos textos na escola têm constituído uma prática de rotina. Na maioria das vezes, os temas ou os tópicos que constituem *o esqueleto conceitual* do texto não são previamente explorados. A maior dificuldade dos alunos na escrita de comentários, por exemplo, não será a falta de ideias com que possam desenvolver seu tema? Como escrever sobre o que se desconhece?

Tampouco os textos são revisados. Os professores fariam bem em adotar, sistematicamente, *a prática do rascunho, da versão ainda não definitiva, da revisão do texto de ontem*. Possivelmente, escrever menos, mas com esses cuidados, daria melhores resultados que escrever muitos textos de qualquer jeito, sem planejamento e revisão. Convém, ainda, não centrar a revisão num trabalho de mera correção gramatical e ortográfica, conforme propõem alguns livros didáticos, o que só faz reforçar a compreensão ingênua de que escrever bem, em qualquer circunstância, é escrever sem erros.

Em terceiro lugar, é preciso que sejam conhecidas as condições de produção e circulação dos textos que vamos escrever. Ou seja, é preciso que conheçamos:

- o tema em torno do qual vamos desenvolver o texto;
- os objetivos – ou "para que se vai escrever";
- o destinatário – a quem se destina o nosso texto (não é mesma coisa escrever para uma pessoa da família, um ex-colega, uma autoridade ou o público em geral);
- o contexto onde o texto vai circular: a própria escola, escolas vizinhas, o meio acadêmico, o bairro, o prédio;
- o suporte – o veículo pelo qual o texto vai chegar aos destinatários: jornal, revista, livro, faixa, cartaz, folheto, fôlder etc.;
- o gênero de texto, com sua forma típica ou convencional de composição: carta, e-mail, convite, aviso, anúncio, declaração, parecer, comentário, notícia, reportagem, projeto, resumo, resenha, requerimento, entre muitos outros;
- o registro com que usamos a linguagem – do mais formal (em geral, segundo os padrões considerados cultos) ao mais informal (no caso do Brasil, deve-se considerar o que é geralmente aceito na norma brasileira).

Em quarto lugar, vale lembrar que o desenvolvimento de competências em escrita terá lugar se for garantido um *exercício constante, continuado, assistido, em resposta a tudo o que envolve o ato de escrever*. Sinto-me dizendo uma das maiores obviedades, mas é o que me parece mais apropriado para o que quero destacar: **só se aprende a escrever, escrevendo**. Aqui também, a aprendizagem é um processo acumulativo, em que as experiências prévias constituem pontos de acesso ao êxito.

No entanto, as políticas públicas relativas ao ensino, os gestores das escolas, alguns professores parecem ainda não ter enxergado esta evidência: **o exercício da escrita, da escrita de textos, ainda não é uma prioridade nas escolas**. Falta programação, falta tempo para isso. Quase sempre, o programa de gramática ocupa esse tempo. Faltam condições de trabalho para os professores, com salas superlotadas e desconfortáveis, sem clima de concentração e de trabalho assistido. Faltam professores, eles mesmos, com essas competências de escrita desenvolvidas ou em desenvolvimento, capazes de ensinar o "caminho", pelo qual eles já passaram e passam todos os dias.

Que fatores têm dificultado a realização destas práticas: a da reflexão sobre o processo da escrita e a outra da escrita frequente, planejada e revisada?

Primeiramente, destaco os fatores que concernem à formação dos professores na compreensão do que é uma língua; de como funciona a interação verbal; do que é o processo de escrever e sua contraparte da leitura; do que é o texto; de quais são suas regularidades, do que é a gramática de uma língua, em suas funções e em seus limites.

Essa formação dos professores remonta aos cursos de Letras (onde deveria ser concedido mais espaço ainda para o estudo da Linguística de Texto, da Pragmática, da Sociolinguística, da Análise do Discurso, da Semântica, da Lexicologia) e aos cursos de Pedagogia, onde também caberiam estudos sobre a linguagem, mais especificamente sobre o processo de alfabetização e iniciação ao letramento.

Essa formação, é evidente, não se completa com o final do curso, mas *se continua*, revendo-se, renovando-se, ampliando-se ao longo do exercício do trabalho pedagógico.

Dessa forma, professor e aluno estão, permanentemente, *em estado de aprendizagem*. O que muda é o ponto da estrada em que a travessia de cada um acontece.

Quero focalizar ainda a postura mesma daquele que *ensina*: o professor. Ele é, apenas, alguém que *transmite* noções sobre a escrita por meio de um discurso meio de *aconselhamento*, como faz quem fala para outro, retraindo-se e excluindo-se? Ou o professor é alguém que propõe, respaldado pela sabedoria de quem diz porque vivencia, porque experimenta cada etapa? É alguém, afinal, que indica um caminho, porque por ele já passou e conhece suas veredas, seus atalhos, seus encontros, seus pontos de chegada? Em suma, pode ensinar a escrever quem, de fato, exercita o ato de escrever e o reaprende cada dia.

As condições de trabalho do professor também têm dificultado a realização de práticas de escrita, sobretudo aquelas ligadas ao tempo de que ele precisa dispor para, de fato:

- criar,
- planejar,
- orientar e
- apoiar o desenvolvimento de outros na aprendizagem da escrita.

Merece destacar ainda a forma de organização do espaço escolar – o que, em outra linguagem, sinaliza se as prioridades da escola (a leitura e a escrita) são levadas a sério. Em geral, as *pretensas* aulas para a prática da leitura e da escrita acontecem numa frequência insuficiente, num tempo curto e sem propósitos bem definidos.

Diante desse quadro, o que nos ocorre questionar?

Como tem acontecido o trânsito das teorias linguísticas desde a academia até a prática nas escolas? Por que, pelo que parece, o estudo dessas teorias pouco repercute na sala de aula?

Que ações mais contundentes, mais politicamente incisivas, as Universidades, Faculdades, Secretarias e Consultorias de Educação poderiam empreender no sentido de intervir junto à opinião pública, junto à mídia em geral, para que os fracos resultados da escola fossem vistos como responsabilidades de todos, fossem vistos não como fatalidades, mas como problemas inteiramente superáveis?

Como reforçar as vozes que clamam contra as desigualdades sociais que sofrem aqueles que não conseguem ficar na escola, ou, mesmo ficando, não conseguem aprender a ler e a escrever?

De quem é esse problema?

Referências bibliográficas

ADAM. J. M. *A linguística textual*: introdução à análise textual dos discursos. São Paulo: Cortez, 2008.
ANTUNES, I. *Lutar com palavras*: coesão e coerência. São Paulo: Parábola, 2004.
CHARAUDEAU, P. *Linguagem e discurso*: modos de organização. São Paulo: Contexto, 2008.
MAIGUENEAU, D. *Análise de textos de comunicação*. São Paulo: Cortez, 2001.

Correção e avaliação de textos

Leonor Werneck dos Santos
Claudia de Souza Teixeira

O desenvolvimento da habilidade de produção textual envolve um longo processo de escrita e reescrita de textos, para o qual são também necessárias as atividades de correção e avaliação. A primeira consiste em assinalar falhas cometidas contra um pressuposto do bom texto (Ruiz, 2010). A segunda é a ação de atribuir notas de acordo com critérios. Porém, apesar de distintas, as duas atividades estão inter-relacionadas e devem visar à melhoria do trabalho pedagógico. Portanto, o principal objetivo deve ser a orientação, e não a penalização (Therezo, 2006).

Para produzirem efeitos positivos na prática pedagógica, a correção e a avaliação precisam partir de critérios objetivos que sirvam como referência consistente para analisar os textos dos alunos, possibilitando não só o acompanhamento do desempenho deles, mas também do trabalho realizado pela escola quanto ao desenvolvimento da expressão escrita. É preciso ressaltar e levar em consideração que, segundo os PCNs de Língua Portuguesa,

> Critérios claramente definidos e compartilhados permitem tanto ao professor tornar sua prática mais eficiente [...] quanto permitem aos alunos centrar sua atenção nos aspectos focalizados, o que, em geral, confere à sua produção melhor qualidade. (Brasil, 1997: 94)

Convém destacar que o professor deve explicar esses critérios para os alunos conhecerem não só as exigências de um bom texto, mas também entenderem a correção e a avaliação realizadas. Segundo Antunes, a avaliação responsável reforça o papel do professor como facilitador do processo de aprendizagem, "junto a alguém que empreende seu percurso na conquista do poder expressar-se por escrito" (2006: 176).

Corrigir e avaliar textos são tarefas complexas, que exigem preparo e atenção. Ilari (1997) lembra que a correção, em especial, é uma atividade pedagógica na qual se gastam esforço e tempo consideráveis, sem que os alunos demonstrem, em contrapartida, um progresso efetivo. No entanto, apesar de difíceis, trabalhosas e, aparentemente, sem efeito direto, são tarefas essenciais e importantes em sala de aula.

Antunes (2006) defende que os erros detectados demonstram o que ainda falta explorar em sala de aula, ajudando o professor a tomar decisões em função das necessidades evidenciadas. Fornecendo um quadro das dificuldades dos alunos e, consequentemente, dos pontos que merecem mais ênfase no ensino de língua materna, a correção e a avaliação possibilitam também um atendimento, de certa forma, individualizado. Os problemas diagnosticados são como uma *vitrine* do nível de desenvolvimento e das dificuldades dos alunos, devendo servir de base, por exemplo, para atividades de análise linguística (Geraldi, 1997).

Objetivando ajudar os professores de Língua Portuguesa a corrigir e avaliar os textos com mais objetividade e segurança, discutiremos aspectos que envolvem essas duas tarefas. Além disso, com base em conceitos elementares da Linguística de Texto, proporemos critérios de correção e de avaliação de textos narrativos e argumentativos que levarão em conta aspectos de forma e conteúdo.

A "demanda" do bom texto: relato de uma experiência

Em que consiste a dificuldade na correção e na avaliação de textos discentes? Por que ela ocorre? Rosa (s.d.) relata uma experiência com professores e alunos de ensino fundamental II que alerta para a inconsistência e imprecisão na atribuição de notas a textos discentes.

Segundo a autora, seis professores de Português da mesma escola, todos com mais de 10 anos de magistério, atribuíram notas a três textos narrativos escritos por alunos de oitavo ano, e houve variações significativas das notas: de zero a oito na mesma redação. Por outro lado, o foco dos professores nas questões ortográficas foi demonstrado pela quase unanimidade ao julgarem como mais fraco o que continha mais erros desse tipo (cf. mais adiante Texto 1/Quadro 2).

Segundo Rosa (s.d.: 2), a disparidade de notas na avaliação de textos já havia sido detectada em outra pesquisa, com 300 redações, citada em Jacobs et al. (1981), 53 leitores corrigiram textos sem qualquer critério que os orientasse. Ao final, cada texto obteve pelo menos cinco notas diferentes, sendo que a 33% delas foram atribuídas todas as notas de uma escala de nove pontos.

Após constatar as diferenças nas avaliações, Rosa (s.d.) elaborou um quadro de correção de textos adaptando uma proposta de Jacobs et al. (1981) para produção textual em segunda língua (L2). A ideia era permitir a análise do texto como um todo, impedindo, "dessa forma, que se privilegiasse apenas um aspecto, como a ortografia, por exemplo" (Rosa, s.d.: 4), "e se perdessem de vista outros mais relevantes". Cada professor teria que ler duas vezes o texto: na primeira leitura, atentaria para o *conteúdo* e a *organização*; na segunda, para o *vocabulário*, o *uso linguístico* e a *parte formal* (s.d.). A autora destaca que, com esse expediente, o aluno não receberia zero se tivesse, pelo menos, atendido ao comando da atividade. Para cada um dos cinco aspectos observados, era atribuída uma quantidade de pontos determinada no quadro (num total de 100).

Quando os professores realizaram novas correções e avaliações dos três textos, agora baseados no quadro proposto por Rosa, chegaram a resultados diferentes dos anteriores. Houve, inclusive, surpresas, como no caso de um dos professores que mudou de 15 para 50 a nota de um mesmo texto.

Concluímos da experiência relatada que é necessário oferecer aos professores critérios que tornem mais objetivas a correção e a avaliação de textos. Sabemos que é muito difícil eliminar totalmente a subjetividade durante essas atividades, no entanto é importante haver um mínimo de variação nas notas atribuídas a um texto por diferentes corretores ou pelo mesmo corretor em momentos diferentes.

Estabelecimento de critérios

Antes de estabelecer critérios, é preciso considerar que a qualidade de um texto não está apoiada somente na correção gramatical. Embora esta seja importante, deve ficar em segundo plano se objetivarmos desenvolver a capacidade dos alunos de utilizar adequadamente os recursos linguísticos, em analisar e compreender informações, em organizar suas ideias e conseguir apresentá-las de maneira compreensível, obedecendo à estrutura dos diferentes tipos e gêneros textuais.

Entendemos, portanto, que é necessário considerar as especificidades dos gêneros e dos tipos textuais ao corrigir e atribuir nota à produção escrita dos alunos. Assim, nossa proposta encontra-se no Quadro 1, que engloba aspectos referentes à narração e à argumentação. Havendo interesse do professor, o Quadro 1 pode se transformar em uma folha anexada às redações dos alunos, o que lhes facilitaria a compreensão dos critérios utilizados pelo professor.

Buscando auxiliar o professor em sua tarefa de corretor e avaliador dos textos de seus alunos, optamos por sugerir critérios de avaliação agrupados por competências, porque essa forma é adotada nos exames nacionais, como o Saeb – Sistema de Avaliação da Educação Básica (Brasil, 2011) e o Enem – Exame Nacional do Ensino Médio (Brasil, 2013). Na avaliação por competências, busca-se verificar a capacidade do educando de mobilizar e articular os recursos e conhecimentos de que dispõe, desenvolvidos formal e informalmente, para realizar as tarefas satisfatoriamente (Depresbiteris, 1989). O *saber fazer*, que demonstra a aquisição de competências, está relacionado também à produção textual uma vez que, como afirma Koch, esta é "uma atividade consciente, criativa, que compreende o desenvolvimento de estratégias concretas de ação e a escolha de meio adequados à realização dos objetivos" (2003: 26).

Lembramos, porém, que o Quadro 1 é uma sugestão de critérios, acompanhado de uma gradação de pontos que o professor pode e deve adequar conforme seus objetivos, o nível da turma, o gênero textual elaborado etc. Portanto, as escalas (de insuficiente a excelente) servem apenas de parâmetros, assim como a pontuação fracionada de 0,25 ponto – o professor pode optar por fracionar ainda mais a nota em décimos, se desejar ser mais detalhista. A nota zero ficaria restrita aos casos de cópia, mas isso pode ser ampliado, se houver interesse do professor em penalizar aquele aluno que fuja totalmente da proposta pedida, fazendo um poema sobre amor no lugar de um artigo de opinião sobre racionamento de água.

Quadro 1 – Critérios de correção e avaliação de textos narrativos e argumentativos

Conceito		Pontuação	Aspectos considerados
Competência 1	Excelente Bom Regular Insuficiente Cópia	2,5/3,0 1,75/2,25 1,0/1,5 0,25/0,75 0,0	**Competência 1** – Uso das normas/regras do registro linguístico formal/padrão. (a) ortografia (b) concordância verbal e nominal (c) regência verbal e nominal (d) colocação pronominal (e) flexão de nomes e verbos (f) uso dos tempos e modos verbais
Competência 2	Excelente Bom Regular Insuficiente Cópia	2,5/3,0 1,75/2,25 1,0/1,5 0,25/0,75 0,0	**Competência 2** – Uso dos recursos expressivos da língua, construindo um texto coeso e coerente. (a) uso vocabular (b) clareza e completude das frases (c) não fragmentação dos parágrafos (d) uso dos sinais de pontuação (e) uso de conectivos para relacionar elementos/segmentos do texto (f) uso de recursos de referência (g) progressão (ausência de redundância) (h) encadeamento de ideias/informações (i) ausência de contradição

Competência 3 – Narração	Excelente Bom Regular Insuficiente Cópia	3,25/4,0 2,25/3,0 1,25/2,0 0,25/1,0 0,0	**Competência 3 (narração)** – Entendimento da proposta e conhecimento dos elementos e da estrutura do tipo/gênero textual solicitado. (a) atendimento à proposta (b) observância ao tipo e ao gênero textual (c) manutenção do foco narrativo (d) construção coerente das personagens (e) referência adequada ao tempo e ao lugar (f) enredo (apresentação, conflito, clímax e desfecho) (g) sequência lógica dos fatos (h) emprego do discurso direto/indireto/indireto livre
Competência 3 – Argumentação	Excelente Bom Regular Insuficiente Cópia	3,25/4,0 2,25/3,0 1,25/2,0 0,25/1,0 0,0	**Competência 3 (argumentação)** – Entendimento da proposta e conhecimento dos elementos e da estrutura tipo/gênero textual solicitado. (a) atendimento à proposta (b) observância ao tipo e ao gênero textual (c) presença de posicionamento pessoal/crítico (ponto de vista) condizente com o tema-problema (d) introdução apresentando tema e tese (e) desenvolvimento apresentando argumentos consistentes e relação entre o posicionamento pessoal/crítico e os argumentos (f) conclusão condizente com a argumentação (g) elaboração de proposta (é exigida no Enem, mas pode ser omitida, a critério do professor)

A primeira competência diz respeito ao entendimento das especificidades da língua escrita; à escolha do registro linguístico adequado ao tipo/gênero textual e, diante da necessidade de emprego do registro formal, à observância de suas normas. Deve-se lembrar, entretanto, que, dependendo do gênero narrativo, muitas vezes, é possível uma tolerância com o uso de falares populares ou regionais.

A segunda competência refere-se à necessidade de o aluno mobilizar conhecimentos sobre os recursos linguísticos para construção da unidade textual. Entendemos, como afirmam Santos, Cuba Riche e Teixeira, que "o texto é elemento de interação, marcado pela coesão entre seus elementos e pela coerência interna/externa" (2013:17). Dessa forma, uma sequência de enunciados só poderá ser considerada um texto se formar uma unidade de significação, o que implica o uso adequado dos elementos ou recursos coesivos, identificados na superfície textual (conectores, pronomes, advérbios etc.), e dos mecanismos de construção da coerência global nos diversos níveis: sintático, semântico, temático, estilístico (Kock, 2003). Mais uma vez, a depender do gênero textual, essas características são relativizadas.

Por meio da terceira competência, é possível avaliar se o aluno compreendeu a proposta de redação, desenvolvendo adequadamente o tema; se tem conhecimento sobre a estrutura textual solicitada; se é capaz de selecionar, organizar e relacionar dados e informações para, partindo do seu conhecimento de mundo, construir logicamente uma narração ou, no caso da argumentação, elaborar também uma reflexão crítica. Destacamos, porém, que essa terceira competência aparece, no Quadro 1, associada aos gêneros textuais predominantemente narrativos e argumentativos. Fica a cargo dos professores adequarem o Quadro aos demais tipos e gêneros textuais.

Devemos mencionar, também, que a pontuação sugerida para cada competência pode ser modificada de acordo com o nível de desenvolvimento dos alunos. Porém, devem ser considerados mais relevantes os aspectos relativos à coerência, à coesão e às exigências estruturais dos tipos ou gêneros textuais (competências 2 e 3), por estarem mais diretamente ligados à construção dos objetivos e sentidos do texto.

Cabe ainda destacar que concordamos com Costa e Ribeiro ao defenderem que a avaliação "requer que olhemos para o texto do aluno a partir de múltiplos pontos de vista, uma vez que o aprendizado de uso efetivo da escrita é um processo complexo, lento e que nunca pode ser considerado concluído" (2013: 194).

Comentários dos professores nos textos dos alunos

Se considerarmos a produção textual como um momento efetivo de interação social, não devemos conceber que os textos dos alunos sejam escritos apenas para serem corrigidos ou avaliados. Porém, mesmo que sejam criadas condições, na escola, para que circulem socialmente ou sejam lidos por outras pessoas, é certo que o professor também lerá esses textos para analisá-los e, portanto, precisará decidir o que destacar na correção, que sugestões dará, o que priorizará nos seus comentários, que são importantes para que os alunos entendam em que aspectos falharam e sejam incentivados a melhorar.

Segundo Lindemann (1982), há vários passos que o professor pode seguir, envolvendo a correção de textos de alunos, dentre os quais podemos mencionar os seguintes: primeiro ler o texto sem destacar nada; depois identificar os problemas, selecionando-os e formulando hipóteses para explicá-los; posteriormente, marcar no texto os erros/inadequações; depois, escrever um comentário final, falando também dos progressos do aluno e das metas para produções futuras.

Soares, por sua vez, destaca que o professor, como leitor mais experiente, deve registrar nos textos dos alunos "suas impressões sobre as ideias desenvolvidas e sobre a organização estrutural do texto, levando em conta o gênero envolvido, o propósito do comunicante e o provável contexto por onde este circulará" (2009: 45).

Segundo a autora, é necessário que o professor reflita sobre as causas dos erros para decidir o melhor *feedback* a ser dado aos alunos, ao invés de partir de uma imagem predeterminada de texto. Além disso, é importante que o professor faça uma correção seletiva, priorizando problemas recorrentes, em vez de destacar dificuldades específicas. Soares conclui que, independentemente do caminho escolhido pelo professor, é importante que haja uma perspectiva textual-interativa na correção e na avaliação dos textos, colocando os alunos, sempre que possível, no papel ativo de corretores dos próprios textos e das produções dos colegas. Vemos, portanto, que o *feedback* do professor – de maneira oral, em sala; ou por escrito, nos textos dos alunos – pressupõe a escrita como processo.

Por outro lado, Chandrasegaran (2003) alerta para a necessidade de o professor ter em mente a tipologia predominante na hora de intervir nos textos avaliados. Por exemplo, em se tratando de narrativas, o *feedback* oral do professor poderia ajudar os alunos a criar a complicação ou a selecionar detalhes das histórias no momento da reescrita. Para isso, pode ser explicado novamente o que é complicação, podem ser organizadas leituras em dupla para os alunos avaliarem se a sequência dos textos produzidos por eles despertam curiosidade, pode ser estimulada a produção textual em pequenos grupos etc.

Já com relação aos textos argumentativos, Chandrasegaran sugere que a ênfase do professor, ao elaborar o *feedback* e orientar a reescrita, pode ser na relação parte-todo, mostrando, por exemplo: a importância de determinados argumentos e contra-argumentos na percepção do ponto de vista marcado no texto; a necessidade de se perguntar qual a relevância de determinadas informações; a importância de os alunos perceberem se seus textos apresentam informatividade, deixam clara a intencionalidade etc.

É essencial, também, promover a reescrita dos textos para que os alunos, sozinhos, em dupla ou em pequenos grupos, possam se autoavaliar; perceber o que precisa ser mudado nos textos, comparar suas produções com as dos colegas; questionar os critérios usados pelo professor, enfim, serem reais autores dos seus próprios textos. E, finalmente, o *feedback* do professor – redigido de maneira objetiva, demonstrando uma parceria, uma postura interativa – precisa considerar que a tarefa de corrigir e avaliar não se faz apenas marcando os textos e atribuindo notas.

Utilização dos critérios propostos

Para colocarmos em prática a proposta apresentada no Quadro 1, faremos a avaliação de dois textos de alunos do 8º ano do ensino fundamental (Quadro 2): uma das narrações (resumo do romance romântico *A moreninha*, de Joaquim Manuel de Macedo) avaliadas pelos professores na pesquisa de Rosa (Texto 1), e um texto argumentativo cujo tema é "o conflito entre gerações e o convívio social" (Texto 2). Reiteramos que nossa proposta de correção e avaliação desses dois textos serve como diretriz, como sugestão de aplicação dos critérios citados no Quadro 1.

Quadro 2 – Textos escritos por alunos do 8º ano do ensino fundamental

Texto 1 (Rosa, s.d)

os estudantes Felipe, Augusto, Fabricio e Leopoldo estavam dialogando no quarto onde rezidia Augusto. Felipe um dos estudantes convida os colegas para pasar alguns dias na ilha de... onde rezidia sua vó D. Ana.

Felipe para convencelos a irem, falou de suas primas e sua irma. Logo ficarão interesados. Alem disso, felipe e augusto fizeram uma aposta, se Augusto amace uma só mulher 15 dias teria de escrever um romance. e com Felipe aconteceria o mesmo. Eles chegaram a ilha de..., cada qual, conversava com uma garota. Pobre Augusto! D. Violante o segurou contou suas historias... Logo após o jantar ouve um passeio pelo jardim, Augusto deu o braço a D. Ana contou-o a lenda de Ahi e Aoitin e Augusto contouli a historia dos breves. Augusto foisse e carolina ficou triste. Augusto volta a ilha e Carolina revelase a menina da praia. Ficam noivos. Perdida a aposta Augusto escreve o romance, com o título de a Moreninha.

Texto 2: Geração antiga *x* geração atual

Observa-se que os jovens estão cada vez mais informados sobre a tecnologia e não se importando para o que as pessoas da antiga geração têm a oferecer, que é a experiência de vida.

Em razão disso, os mais novos agem de forma errada, e esses atos poderiam ter sido evitados pelos conselhos dos mais velhos. Dessa forma, a nova geração é vista como “rebeldes” e a velha como “pessoas que só sabem falar da vida”.

Nos dias atuais, grande parte dos jovens ficam atentos aos avanços tecnológicos como aparelhos celulares de última geração, tablets mais modernos, televisões com acesso a internet, entre outros.

Por outro lado, os idosos não sabem dessas novidades; por isso, eles pedem ajuda aos mais novos para explicar essas inovações. Os mais novos, por sua vez, não tratam os velhos com paciência, pois eles estão acustumados a receber e dar informações com rapidez e não a um ritmo mais lento. Dessa forma, ocorre o conflito entre gerações.

Sendo assim, para uma melhor convivência social entre as gerações, é de extrema importância melhorar a comunicação.

Em relação à competência 1, o Texto 1 apresenta uma série de problemas ortográficos, conforme citamos anteriormente, e algumas falhas quanto ao uso dos tempos verbais (pretérito x presente) e das regras de crase (*à ilha*) e regência verbal (*contou-o* no lugar de *contou-lhe*).

Considerando que o autor é um aluno de 8º ano, quase concluinte do ensino fundamental, incorreções como *rezidia*, *pasar*, *amace*, *interesados*, *convencelos*, *contouli*, *foisse*, *revelase* são mais graves, porém, apontam para dois tipos de erros recorrentes nesse texto: a confusão no uso de c/s/ss/z e a junção do pronome oblíquo com o verbo. Há problemas, também, de acentuação e da troca entre "ão" (futuro do presente) e "am" (pretérito perfeito) nas formas verbais (*convencelos*, *alem*; *ficarão*). Isso já orienta o professor quanto às atividades que precisa elaborar para sanar as dificuldades do aluno. Outras falhas, como oscilação no uso de maiúsculas em nomes próprios, ausência de h em *ouve*, falta de til (*irma*) e grafia "li" (*lhe*), podem ser resolvidas com a reescrita do texto. Nessa competência, o aluno poderia receber nota 2,0.

Em referência à competência 2, chama atenção o fato de esse aluno conseguir organizar seu resumo em três parágrafos, que pretendem demonstrar as partes da narrativa: introdução, com apresentação dos personagens e do ambiente; desenvolvimento, com indicação sintética do enredo e da complicação; conclusão, apontando para o desfecho – embora essa etapa tenha começado no parágrafo precedente.

Também merece destaque a percepção do aluno quanto ao uso dos sinais de pontuação e ao uso das reticências no lugar do nome da ilha de Paquetá, estratégia usada pelo autor do livro *A moreninha*. Há, ainda, poucas incorreções no uso da vírgula que não comprometem o sentido das frases. Com relação ao emprego de conectivos, salvo as ausências da conjunção "e" antes de *contou*, o texto não apresenta falhas nos recursos de sequenciação. Finalmente, o problema principal em relação a essa competência é o encadeamento de ideias/informações, decorrente, em parte, de problemas concernentes à competência 3. Assim, em relação aos aspectos relacionados à coesão e à coerência, o aluno poderia receber 2,5.

Finalmente, na competência 3, o aluno poderia receber nota 2,5, pois há alguns problemas que merecem ser analisados com mais atenção em sala: há falhas na construção das personagens, que aparecem e desaparecem do resumo sem nenhuma descrição ou explicação; há deficiências no enredo, principalmente porque não fica claro qual o conflito e o clímax da história, o que deixa o desfecho sem coerência; falta sequência lógica dos fatos, pois parece que Augusto foi embora logo após o jantar, o que atrapalha a referência adequada ao tempo. Assim, apesar de o resumo conseguir passar informações básicas da obra, dando a entender que o aluno leu o livro de fato, e de manter a estrutura narrativa – características que, por si sós, já merecem ser valorizadas –, há dificuldades na execução desse resumo, e o professor precisa estar atento a elas na hora de elaborar os comentários no texto do aluno.

O Texto 1 poderia receber, portanto, nota 7,0, e os comentários do professor poderiam destacar as qualidades do texto – como adequação à proposta, ao gênero e à tipologia (ainda que com problemas estruturais), bom uso dos sinais de pontuação e de elementos de coesão – e apontar para os principais problemas de linguagem (ortografia) e de estruturação textual da narrativa (sequência temporal, progressão da narrativa, construção dos personagens e do enredo).

Passando ao Texto 2 (argumentativo), em relação à competência 1, poderia receber nota máxima (3,0), pois chama a atenção o conhecimento demonstrado pelo aluno quanto a aspectos normativos e ortográficos da língua portuguesa (só a palavra "acustumados" merece correção).

Já em relação à competência 2, o aluno poderia receber 2,0: a redação destaca-se pelo excelente uso de sinais de pontuação e de conectivos em geral (o emprego indevido do "e" e do "para" no primeiro parágrafo não compromete o encadeamento das ideias). Entretanto, encontram-se expressões cujas referências não estão explícitas, como "*agem de forma errada*" e "*esses atos*". Há, ainda, problemas de paragrafação, principalmente porque o segundo parágrafo mereceria ter sido mais desenvolvido (da maneira como está, parece continuação da introdução) e porque os parágrafos 3 e 4 poderiam constituir um só. Também não ficou clara a relação entre o fato de os jovens não receberem os conselhos dos mais velhos e a falta de paciência daqueles em ajudar estes a lidar com as inovações tecnológicas. Levando em consideração, porém, a complexidade de elaborar um texto argumentativo nesse nível de escolaridade, não nos parece produtivo penalizar em demasia o aluno nesses itens.

Finalmente, na competência 3, o aluno poderia receber 3,5: a tese está explicitada e conduz a argumentação ao longo do texto, além disso, chama a atenção a maneira como o aluno especificou dois aspectos na introdução que aparecem no desenvolvimento. A falha, no entanto, em relação a essa competência, que avalia a compreensão da proposta, talvez decorra de um problema da apresentação da proposta, pois não foi especificado um gênero textual, apenas se pediu a produção de um texto argumentativo. Assim, o aluno estruturou seu texto pensando em uma tese e procurando comprová-la com argumentos, como se fosse um esquema, uma listagem. Isso atrapalhou a organização dos parágrafos (já penalizada na competência 2) – que, às vezes, se constituem de apenas uma frase – e do texto como um todo. Observa-se, também, o pouco aprofundamento da argumentação, uma vez que o "conflito de gerações" é apresentado como decorrente da falta de paciência dos jovens em explicar aos mais velhos como funcionam as novas tecnologias.

O professor, diante de um texto como este (que receberia nota final 8,5), primeiramente, deveria avaliar se a proposta de produção estava clara para os alunos. Além disso, precisaria considerar as dificuldades de turmas de 8º ano em produzir textos argumentativos, pois não é comum encontrar nelas alunos com capacidade de argumentação mais aprofundada devido ao nível de maturidade. Também devemos levar em conta que a estruturação/composição dos textos argumentativos é difícil de ser assimilada; para isso, é necessário que os alunos analisem muitos textos desse tipo, entendam sua estrutura, debatam temas polêmicos em sala, para depois conseguirem produzir gêneros orais e escritos (debate, artigo de opinião, ensaio etc.) predominantemente argumentativos. Assim, os comentários para o Texto 2 precisam considerar as suas qualidades, mais que os problemas, que certamente existem, mas precisam ser analisados em outra perspectiva.

Palavras finais

A utilização de critérios mais objetivos para corrigir e avaliar os textos dos alunos limita a subjetividade que cada professor imprimiria à análise. Dessa forma, não só as notas atribuídas divergiriam minimamente entre os professores como também, no caso de solicitada revisão de notas, seriam evitadas possíveis situações constrangedoras quando critérios pouco claros são questionados. Seguindo as orientações comuns em processos de correção de considerar discrepância quando a diferença de notas ultrapassa 20% do total de pontos, numa escala de zero a dez seria aceitável uma divergência de notas de até dois pontos.

Porém, no caso dos dois textos avaliados por nós de maneira experimental, seguindo os critérios propostos no Quadro 1, provavelmente as notas não discrepariam mais de 20%, o que já garante mais objetividade na avaliação. É importante, porém, que o professor fique atento para não penalizar o aluno duas vezes pelo mesmo motivo. É o que poderia ocorrer no Texto 2, com problemas de paragrafação (competência 2), mas sem falhas na construção de introdução com tese, desenvolvimento com argumentos e conclusão (competência 3).

A correção e a avaliação de textos podem fornecer ao professor informações mais precisas sobre as dificuldades dos alunos com relação à produção textual e, dessa forma, ajudá-lo a tomar decisões sobre como levá-los a desenvolver as habilidades necessárias para realizar satisfatoriamente essa tarefa. Uma das atividades deve ser a reescrita dos textos. Concordamos com Ruiz (2010) quando defende que o professor deve incorporar ao ensino da produção textual essa prática. Assim, os alunos poderão compreender e buscar soluções para os problemas apontados, tendo a oportunidade de, cada vez mais, melhorar suas produções.

Finalizamos, refletindo sobre os comentários de Hoffmann:

> Avaliar é mais do que conhecer, é sobretudo "reconhecer". Todo escritor tem a expectativa de um leitor para o seu texto. Quando escreve, escreve para alguém e para transmitir algo a esse alguém. Mais do que saber se está "certo" como escreveu, o que espera é que o leitor encontre sentido, considere importante "o que escreveu". Reconhecer o valor de um texto, portanto, significa atribuir valor a quem escreve e às ideias de quem escreve. É preciso que se pense nisso ao avaliar redações. (2002: 108)

Constatamos, portanto, que a produção textual precisa ser entendida como um processo (atividade processual): começa na discussão ou estudo do tema; no entendimento da tipologia textual predominante e do gênero solicitado; passa pelo roteiro, esboço, redação e revisão; envolve o destinatário que o avaliará (outro colega, professor etc.) e, depois, retorna ao produtor para o texto ser reescrito se necessário. Finalmente, este precisa circular, chegar a outros destinatários.

No *feedback*, é importante que o professor destaque não só os erros, mas também os aspectos positivos do texto, o crescimento dos alunos, as sugestões para futuras produções. É trabalhoso, gastamos muito tempo agindo dessa forma; talvez nem seja possível fazer todo esse processo com todos os textos dos alunos. Mas esta é a chamada avaliação processual. Dessa forma, formaremos leitores e produtores de textos conscientes; senhores de sua língua, usuários competentes das palavras.

Referências bibliográficas

ANTUNES, Irandé. Avaliação da produção textual no ensino médio. In: BUNZEN, Clécio; MENDONÇA, Márcia (orgs.). *Português no ensino médio e formação do professor.* São Paulo: Parábola, 2006, pp. 173-90.

BRASIL. Ministério da Educação. *A redação no Enem 2013*: guia do participante. Brasília: INEP, 2013. Disponível em: < http://download.inep.gov.br/educacao_basica /ENEM/guia_participante/2013/ guia_de_redacao_ENEM_2013.pdf >. Acesso em: 14 abr. 2015.

______. PDE/Saeb. Brasília: MEC, SEB; INEP, 2011. Disponível em: <http://portal.mec.gov.br/dmdocuments/ SAEB_matriz2.pdf>. Acesso em: 14 abr. 2015.

______. *Parâmetros curriculares nacionais – Língua Portuguesa:* 3º e 4º ciclos. Brasília: MEC, 1997.

CHANDRASEGARAN, Antonia. *A intervenção como recurso no processo da escrita.* São Paulo: SBS, 2003.

COSTA, Iara; RIBEIRO, Josélia. Avaliação. In: COSTA, I.; FOLTRAN, M. J. (orgs.). *A tessitura da escrita.* São Paulo: Contexto, 2013, pp. 175-95.

DEPRESBITERIS, Léa. *O desafio da avaliação da aprendizagem.* 2. ed. São Paulo: EPU, 1989.

GERALDI, João W. (org.). *O texto na sala de aula.* São Paulo: Ática, 1997.

HOFFMANN, Jussara. *Avaliando redações*: da escola ao vestibular. Porto Alegre: Mediação, 2002.

ILARI, Rodolfo. *A linguística e o ensino de língua portuguesa.* São Paulo: Martins Fontes, 1997.

JACOBS, Holly L. et al. *Testing ESL Composition:* A Practical Approach. Rowley, Mass.: Newbury House Publishers, 1981.

KOCH, Ingedore Villaça. *O texto e a construção dos sentidos.* 7. ed. São Paulo: Contexto, 2003.

LINDEMANN, Erika. *A Rhetoric for Writing Teachers.* Oxford: Oxford University Press, 1982.

ROSA, Maria Carlota. O ensino de Português no segundo segmento do primeiro grau: algumas observações. *Legenda*, Rio de Janeiro, v. 8, n. 4, 1984, pp. 13-27.

______. *Por que deu essa nota na minha redação?*, s.d., 28 p. (mimeo).

RUIZ, Eliana D. *Como corrigir redações na escola*: uma proposta textual interativa. São Paulo: Contexto, 2010.

SANTOS, Leonor W.; CUBARICHE, Rosa; TEIXEIRA, Claudia Souza. *Análise e produção de textos.* São Paulo: Contexto, 2013.

SOARES, Dóris de A. *Produção e revisão textual.* Petrópolis: Vozes, 2009.

THEREZO, Graciema P. *Como corrigir redações.* 5 ed. Campinas: Alínea, 2006.

Como inserir a escrita argumentativa em sala de aula

Roza Palomanes
Lygia Maria

No ensino da produção de texto, a tipologia argumentativa é, em geral, o foco de trabalho em turmas dos anos finais do ensino fundamental. Devido à importância que essa temática possui na vida em sociedade – uma vez que, seja em contextos formais ou informais, na modalidade escrita ou na oral, todos estamos constantemente opinando e defendendo pontos de vista –, o professor deve ser bastante preciso em sua prática pedagógica para fazer com que os seus alunos consigam defender seus pontos de vista por escrito. E ser preciso na condução desse trabalho significa, primeiramente, saber que linha metodológica se adotará para, a partir desta, definirem-se objetivos, estratégias, atividades e avaliação de resultados.

O ensino do texto argumentativo com enfoque metacognitivista é um dos caminhos possíveis de trabalho por permitir momentos de reflexão, por parte dos alunos, de seu próprio pensamento, do conhecimento que possuem sobre o assunto e de sua capacidade de articular os conhecimentos linguísticos para comunicar suas ideias.

Apresentando o conceito de metacognição

A metacognição é uma área de estudos pertencente ao campo das ciências cognitivas e tem como premissa viabilizar a consciência do indivíduo acerca do seu processo de aprendizagem, ou seja, todas as atividades realizadas têm como objetivo fazer com que o aluno tome consciência de suas características em situações de aprendizado e, a partir dessa consciência, lance mão de mecanismos para melhorar seu desempenho.

Um dos pesquisadores mais atuantes nesse campo de estudos foi Flavell (1979), grande estudioso do tema nos anos de 1970, que propôs um modelo em metacognição que considera, para trabalho, o conhecimento metacognitivo, as experiências metacognitivas, os objetivos cognitivos e as ações cognitivas, estando esses quatro eixos em relação constante.

Por conhecimento metacognitivo entende-se o conhecimento que o indivíduo possui sobre as suas características psicológicas, bem como sobre a cognição do outro; as experiências metacognitivas referem-se às percepções conscientes do indivíduo em um determinado evento cognitivo; os objetivos cognitivos constituem a consciência acerca das metas a serem alcançadas em uma tarefa específica e, por fim, as ações cognitivas são as estratégias conscientes que o indivíduo realiza para atingir seus objetivos cognitivos.

Entendemos que a aplicação do modelo apresentado por Flavell (1979) ao ensino do texto argumentativo, pode ser útil ao professor em sua tarefa, uma vez que é estimulado a entender a extrema importância de levar seus alunos a vivenciarem, antes de qualquer coisa, eventos em que haja defesa de ideias, tanto por meio de observação do outro, quanto por meio de sua própria prática. Com isso, serão capazes de compreender o que é uma boa argumentação, o que é uma argumentação fraca, bem como refletir a respeito de suas habilidades acerca desse tipo de atividade. Em outras palavras, os alunos precisarão se conhecer como aprendizes na prática argumentativa. Alcança-se, assim, o eixo Conhecimento Metacognitivo, proposto por Flavell e que apresentamos como embasamento teórico de nossa proposta de prática de ensino de produção de texto.

Acreditamos ser de extrema importância, também, o segundo eixo do modelo metacognitivo apresentado neste capítulo – a Experiência Cognitiva. Esse eixo traz como proposta a necessidade de se fazer com que os alunos identifiquem, de maneira específica, quais são suas dificuldades e pontos fortes na atividade cognitiva. Por exemplo, um aluno pode perceber que consegue ser melhor na defesa de suas ideias quando usa a contra-argumentação, ou pode identificar que, com frequência, tende ao meio-termo, pois vê sempre os dois lados da questão e não se posiciona de forma explícita. Pode ainda perceber que tem dificuldade em encontrar argumentos para defender seus posicionamentos. Desta forma, o aluno poderá direcionar seus esforços para superar as dificuldades, usando as facilidades que tenha na construção da argumentação.

Sobre o terceiro eixo, Objetivos Cognitivos, este aponta para a importância de se considerar que o aluno precisa compreender com que propósito está argumentando. Ainda que o objetivo geral da argumentação seja defender uma ideia, se for possível que o aluno tenha maior precisão sobre o objetivo da atividade, melhor será o produto final da atividade cognitiva. Por exemplo, em uma produção de texto argumentativo em sala de aula, quem o aluno está tentando convencer? Por que ele deseja convencer esse outro? Entendendo de forma minuciosa com que objetivo argumenta, espera-se que a argumentação seja produzida com mais qualidade, já que a proposta tem uma finalidade real, reconhecida pelo aluno.

Sabendo dos objetivos da atividade e compreendendo suas características diante do processo, adentra-se no eixo Ações Cognitivas, que diz respeito às estratégias que o aluno pode utilizar para alcançar o que deseja com a sua produção. Essas estratégias são as atitudes de que os alunos lançam mão para superar as dificuldades que sabem que possuem, para explorar os aspectos que sabem que dominam e para organizar a produção de forma a, de fato, atingirem os objetivos que conhecem.

Conhecendo esse modelo, o próximo passo do professor será criar um plano pedagógico que auxilie os aprendizes em todas as etapas do processo. Em outras palavras, o professor deverá oferecer aos seus alunos ferramentas para que produzam seus textos de forma consciente. Essas ferramentas são as atividades que serão usadas. De acordo com Flavell:

> [...] a metacognição possui um papel importante na comunicação oral, na persuasão, na compreensão oral, na compreensão leitora, na escrita, na aquisição da linguagem, na atenção, na memória, na solução de problemas, na cognição social e em várias formas de autocontrole e autoinstrução. (1979: 906)

Um relato de experiência

Com o objetivo de demonstrar, na prática, como a proposta que apresentamos neste capítulo pode ser implementada, descrevemos um estudo, com base no modelo descrito anteriormente, realizado em uma escola municipal do Rio de Janeiro, em uma turma de oitavo ano. Trata-se de um grupo heterogêneo em termos de letramento, em que alguns alunos são bem desenvolvidos em suas habilidades comunicativas e outros apresentam bastante defasagem considerando a série em que se encontram. Essa primeira observação acerca da diversidade da turma em relação às habilidades na produção de texto indica que o caminho a seguir deve ser também diversificado, ou seja, as atividades propostas devem ser mescladas em termos de complexidade e a análise de resultados deve tratada de forma individualizada, uma vez que cada indivíduo se desenvolverá no seu ritmo.

A necessidade de se pensar numa estratégia mais eficaz de produção de textos argumentativos vem dos resultados alcançados em uma atividade em sala de aula. Após um debate sobre a greve dos rodoviários que ocorria no Rio de Janeiro, apesar de, oralmente, defenderem bem seus posicionamentos sobre o tema, os alunos demonstraram muita dificuldade ao serem solicitados a escrever sobre o que haviam acabado de falar. Os textos produzidos apresentaram argumentação inconsistente e desorganizada, o que não condizia com o que se tinha observado no momento informal de reflexão sobre o assunto. Alguns dos textos produzidos foram exibidos para análise coletiva e, em alguns casos, os próprios autores tiveram dificuldades para compreender que as ideias apresentadas na escrita não estavam de acordo com o que expuseram oralmente.

Pôde-se identificar com esse evento que, além da dificuldade que os alunos apresentavam com a tipologia argumentativa em modalidade escrita, havia também ausência de consciência a respeito dos seus próprios processos de construção de significados, uma vez que não conseguiam visualizar a diferença entre a argumentação bem estruturada da fala e a argumentação precária da escrita. E, se o indivíduo não tem consciência acerca do seu processo de construção, ele não poderá pensar em estratégias para melhorá-lo. A consciência a respeito da própria aprendizagem foi identificada, portanto, como a base do trabalho com a turma. Isso porque não bastaria uma aula expositiva sobre o texto argumentativo, e posterior produção textual; para fazê-los se desenvolver, seria necessária uma intervenção com vistas a capacitá-los para um aprendizado aprofundado, de análise cognitiva.

Dessa forma, para que se pudesse estruturar uma sequência de atividades com base no modelo de metacognição proposto pelo teórico Flavell (1979), foi necessário realizar uma análise diagnóstica da turma. Essa análise foi feita por meio das respostas obtidas em uma questão da prova bimestral. Trinta dias antes da avaliação, os alunos receberam um artigo de opinião intitulado "Contra o racismo, nada de bananas, nada de macacos, por favor!", de Douglas Belchior, publicado na revista *Carta Capital*, e foram orientados a ler o texto em casa, refletir sobre a questão do racismo e conversar sobre o assunto com os responsáveis. Também foram feitos debates em aula para melhor compreensão do texto.

Esse início de trabalho teve como objetivo fazê-los pensar sobre o assunto antes de escreverem a respeito. Os alunos se interessaram pela leitura porque tratava de um assunto de grande repercussão, que foi o lançamento de uma banana no jogador Daniel Alves, por um torcedor, durante uma partida de futebol. O fato, na época, foi bastante comentado nas redes sociais e gerou a campanha conhecida como "Somos Todos Macacos". Na prova, a questão para diagnose teve o seguinte comando:

Produza um pequeno texto em que você apresente sua opinião a respeito do seguinte tema: *Um indivíduo que adquire fama e dinheiro fica mais "protegido" em relação ao preconceito racial?* Desenvolva o texto de forma consistente, apresentando ideias que sirvam para confirmar seu ponto de vista.

Dentre os vários problemas verificados nas produções textuais dos alunos, alguns foram identificados como mais comprometedores para a escrita argumentativa: argumentação facilmente contestável, ideias improváveis ou impraticáveis e abordagem do assunto em vez da abordagem do tema. A seguir, apresentamos alguns exemplos desses problemas.

Texto 1. Na minha opinião todos quando tem fama e dinheiro ficam mais protegido em relação a o racismo, Podemos ver no nosso dia-a-dia, nunca vemos ninguém criticando pessoas que tem mas condições financeiras [...]. (A.P., 8º ano)
Texto 2. As minhas opiniões são, que devemos fazer campanhas, para vê quem apoia o racismo e quem não apoia. Essa história de racismo não deveria existir. Eu não acho nada legal isso que os torcedores fizeram com o Daniel Alves eu espero que essa pessoa que fez isso com o jogador, se arrependa e nunca mais faça isso. (A.C., 8º ano)
Texto 3. Eu acho que sim, porque a pessoa que tem dinheiro e pode ter tudo que quiser não se emporta com esse ato de racismo, porque se quiserem ficar branco só fazer a cirurgia que o Michael Jackson fez. (J.S., 8º ano)

No Texto 1, a argumentação utilizada para defesa da ideia pode ser facilmente contestada, uma vez que não se pode comprovar que as pessoas com melhores condições financeiras sejam menos criticadas. No Texto 2, a ideia apresentada é impraticável. Fazer uma campanha para saber quem é a favor e quem é contra o racismo não possui viabilidade. Além disso, não houve resposta à pergunta-tema. Sobre o Texto 3, citar a "cirurgia do Michael Jackson" não valida a opinião apresentada.

A partir da observação a respeito de quais eram os problemas mais frequentes e comprometedores nas produções do grupo, optou-se pela realização de um trabalho que os capacitasse na aplicação das seguintes estratégias:

a) uso da contra-argumentação, uma vez que, pensando em defesas contrárias a sua, o aluno pode estruturar melhor a sua própria argumentação;
b) uso de explicações, para que o aluno identifique o porquê de ter escolhido determinado posicionamento e desenvolva a sua linha de raciocínio de forma mais consistente; e
c) uso de exemplificações, para que as ideias apresentadas se tornem mais concretas para o leitor do texto.

Com base nessa análise, foi produzida uma sequência didática estruturada por meio dos seguintes objetivos específicos:

1) Apresentar temas que possibilitem dois posicionamentos contrários e que estejam relacionados à realidade da turma. Usar temáticas que sejam questionamentos reais do grupo é essencial para que haja engajamento na atividade.
2) Estimular a tomada de posicionamento sobre os temas selecionados e a defesa de ideias.
3) Conduzir o grupo a análises das linhas de raciocínio apresentadas, a fim de que haja julgamentos acerca do poder de convencimento do discurso do outro e do seu próprio discurso.
4) Oferecer textos de opinião sobre os assuntos tratados de forma que as estratégias argumentativas empregadas em cada texto sejam percebidas e analisadas.
5) Orientar sobre a contra-argumentação e estimular o seu uso como estratégia para defesa de ideias e reflexão.
6) Utilizar atividades de reescritura para autoanálise e definição de novas estratégias.

7) Mesclar debates e produções escritas, a fim de que a argumentação seja analisada, sob diferentes formatos.
8) Oferecer análises comparativas individuais sobre as produções textuais produzidas ao longo do trabalho.

Rumo à sala de aula: como aplicar a proposta

Nesta seção, apresentaremos sugestões práticas de atividades que podem ser desenvolvidas por você, professor de Língua Portuguesa, durante o trabalho com o texto argumentativo em turmas do ensino fundamental.

Selecione dois artigos de opinião em texto com posicionamentos opostos entre si sobre o tema "O uso dos celulares deve ser liberado na sala de aula?" e dois vídeos que também apresentem posicionamentos opostos entre si sobre o tema "A descriminalização da maconha". Lembrando que essas são apenas sugestões de trabalho. Cabe a você, professor, identificar que assuntos suscitariam interesse na turma.

No primeiro dia de atividades, apresente à turma um dos temas selecionados e estimule o debate. À medida que os alunos forem apresentando as suas opiniões e defesas a respeito do tema, anote na lousa os argumentos que utilizaram. Terminadas as falas, pergunte ao grupo que alunos eles acharam mais convincentes e que características os fizeram ser os melhores na defesa de suas ideias. É importante que as características citadas sejam também anotadas na lousa para análise em grupo. Em seguida, faça comentários sobre todos os argumentos listados, sinalizando quais deles foram bem desenvolvidos e quais podem ser facilmente contestados. Comente também sobre o desempenho dos alunos que melhor defenderam suas ideias, conforme lista de características produzida por meio da análise do grupo. Nesse momento, é possível utilizar a lista de argumentos para realizar também uma atividade de estímulo à contra-argumentação. Uma proposta é contestar alguns dos argumentos listados, inclusive os bem desenvolvidos, e pedir que os alunos se posicionem a respeito.

Entregue os artigos de opinião selecionados e realize uma leitura compartilhada (ou exiba os vídeos). Nesse momento, é importante que você mostre nos textos quais foram as estratégias de cada autor para defesa de suas ideias. Os alunos devem refletir sobre essas estratégias e julgá-las, da mesma forma que ocorreu com as atividades orais realizadas após o debate, em que as suas próprias defesas foram objeto de análise.

Como próximo passo, solicite uma produção textual sobre o tema trabalhado até o momento. O ideal é que os alunos não produzam textos com muitas linhas, pois produções muito longas podem dificultar a próxima etapa de trabalho.

Quando, com a sua mediação, os alunos já tiverem realizado atividades diversificadas relacionadas à argumentação, uma atividade individual de análise se faz importante. Distribua os textos produzidos de forma que nenhum aluno receba a sua própria produção. Distribua também fichas pautadas para que cada aluno faça uma análise escrita do texto recebido. Cada aluno deverá escrever em sua ficha se a argumentação geral do colega de turma foi boa, ruim ou mediana e, em seguida, citar ao menos dois argumentos utilizados no texto, explicar por que eles podem ser melhorados e de que forma isso pode ser feito. Sugerimos que essa atividade seja organizada em formato de prova – com carteiras separadas e em silêncio – para que se garanta a concentração do grupo durante a análise.

A sequência de trabalho terá como base uma atividade de reescritura. Para realizá-la, os textos produzidos já devem ter sido corrigidos por você. Sugerimos que essa correção tenha como objetivo fazer o aluno identificar os desvios ortográficos e gramaticais mais frequentes em seu texto e também fazê-lo refletir sobre a argumentação que desenvolveu. Bilhetes com contestações à argumentação apresentada são essenciais para que o aluno reflita sobre a qualidade das estratégias que utilizou para defender seu posicionamento. Para a realização da atividade, entregue a cada aluno o seu próprio texto – já corrigido por você – e, em anexo, insira a ficha de avaliação produzida pelo colega de classe. A partir da análise dos dois materiais, cada aluno deve reescrever seu texto com o objetivo de melhorar a sua argumentação.

Para trabalhar o segundo tema, sugerimos a exibição dos vídeos selecionados (ou a leitura dos textos) e, em seguida, a realização de uma atividade oral com o seguinte formato: divida a sala de aula em três grupos – de um lado deverão se concentrar os alunos que concordam com o posicionamento do texto/vídeo 1; do lado oposto, deverão estar os alunos que concordam com o posicionamento do texto/vídeo 2; no centro, os alunos que ainda não conseguiram formar opinião sobre o tema. Com essa organização, estimule o debate entre os grupos, de forma que um tente convencer os demais acerca de seu posicionamento. A sua intervenção durante esta atividade é essencial para que os alunos reflitam sobre a qualidade dos argumentos apresentados. Como atividade seguinte, proponha uma produção de texto sobre o tema debatido.

Continuando o trabalho com o segundo tema, selecione três textos e faça uma análise coletiva das produções. Para realização desta análise coletiva, sugerimos uma atividade prévia. Entregue aos alunos os textos a serem trabalhados – digitados e sem os nomes dos autores. Em grupos, os alunos podem fazer uma análise acerca da qualidade argumentativa dos três textos e apresentar sugestões de melhoria. Após tempo determinado para a atividade, inicie a análise dos textos junto à turma.

A última etapa de trabalho consiste em entregar a cada aluno os dois textos que produziu, com comentários sobre o que melhorou e sobre o que ainda precisa ser desenvolvido em termos de argumentação.

Sumarizando para concluir

O ensino do texto argumentativo no ensino fundamental tem como proposta oferecer base para que os aprendizes estejam aptos a se posicionar de forma plena nas diversas esferas da vida em sociedade. Trata-se de um trabalho que deve ser realizado de forma consistente, a fim de que seja possível ao aluno desenvolver habilidades argumentativas de maneira sólida, bem como visualizar o conhecimento adquirido como necessário também fora do espaço escolar. Entende-se, portanto, que o processo de ensino deve ser estruturado com base em reflexão, em autoanálise e em estratégias de aperfeiçoamento.

Como se viu, a metodologia metacognitivista brevemente apresentada neste capítulo é um grande aliado para a realização de uma proposta de ensino eficaz, uma vez que conduz ao desenvolvimento de consciência no aluno a respeito de seu processo de aprendizagem. Conhecendo os eixos do modelo de Flavell (1979) – Conhecimento Metacognitivo, Experiências Metacognitivas, Objetivos Metacognitivos e Ações Metacognitivas –, o professor poderá criar um plano de ensino que possibilite ao aluno desenvolver-se em termos de produção argumentativa de forma analítica.

Por meio das informações apresentadas sobre a pesquisa realizada em uma unidade de ensino pública, pôde-se mostrar de que maneira uma metodologia de trabalho baseada na metacognição pode ser pensada. Analisando-se os objetivos específicos identificados a partir da análise diagnóstica do grupo, foi possível delimitar os elementos fundamentais para que o professor elabore o seu próprio plano pedagógico de base metacognitivista.

A proposta prática sobre o ensino do texto argumentativo com base nos estudos em metacognição teve como objetivo oferecer uma sugestão de trabalho ao professor, mas essa deve ser analisada e posta em prática com base em sua própria realidade. Ou seja, adaptações à proposta podem ser necessárias de acordo com as características da turma com a qual o trabalho esteja sendo desenvolvido.

Referência bibliográfica

FLAVELL, J. H. Metacognition and Cognition Monitoring: a New Area of Cognitive- Developmental Inquiry. *American Psychologist*, v. 34, n. 10, out. 1979.

Ideias e práticas na produção textual

Maria Teresa G. Pereira

A produção textual, às vezes, remete a situações bem pouco caras e produtivas para professores e alunos. A modalidade EJA (Educação de Jovens e Adultos) de ensino, por exemplo, com que me ocupo atualmente, deve, pela própria especificidade, utilizar estratégias com atividades que lhe confiram clareza de propósitos. Ressalto, entretanto, a abrangência das considerações a seguir.

No Brasil há uma maioria mestiça e negra, homens e mulheres, jovens e adultos, trabalhadores(as) empregados(as) e desempregados/as ou em busca do primeiro emprego; filhos, pais e mães, moradores urbanos e rurais, de periferia, favelas ou não, ou considerados sujeitos marginais à sociedade, aqueles (quase) sempre excluídos, tratados como *pobres coitados*, precisando de doações ou ajuda, sujeitos menores e fracos para o mundo moderno. A compreensão do lugar dos sujeitos é uma construção social a ser contestada para que se construam outros significados. Focalizamos sujeitos que vivenciam uma variedade de situações concretas formadoras de subjetividades, definidas, no sentido genérico, como o que se reporta ao sujeito humano, por contraste às condições externas de existência que precedem a sua entrada no mundo, já que se ligará aos fluxos sociais, materiais e aos signos que o circundam, o atravessam e o constituem. Esse sujeito age sobre o presente e o real, se diferencia e se reconhece nas singularidades da própria existência.

Na escola, encontramos os(as) alunos(as) das experiências da EJA, cuja vida é ponto de partida para se pensar tempo, espaço, afirmação, avaliação e, principalmente, o diálogo com o conhecimento construído. As experiências desses(as) alunos(as) produzem saberes que devem ser apropriados pelos(as) próprios(as) alunos(as) e pelas escolas, assim como pelos(as) professores(as). Constituem-se por manifestações culturais, estéticas e corporais – marcas de preferências musicais, de moda, religiosidades, sexualidades, paternidade e/ou maternidade em jovens e adultos.

Pensar um espaço que considere esses marcadores revela-se tarefa hercúlea.

Como agir

Primeiramente é preciso tratá-los como são, como se apresentam, conhecê-los, amadurecer o diálogo, escutá-los, deixá-los expressar não só a voz, mas o corpo, a mente, em diferentes linguagens, os tempos e os espaços que trazem para a escola, produzindo da diversidade matéria-prima para a organização das relações pedagógicas.

Inserimo-nos na preocupação crescente no sentido de devolver ao ato de escrever sua condição de gesto fundamental de expressão humana. Há muita resistência à *redação* ou qualquer nome que a designe. Talvez porque os métodos e as técnicas que a envolvem não superem o academicismo e a rotina. O ato de escrever pressupõe tortura, esforço monótono e desagradável, desvinculado da criação e, portanto, do prazer. Deve-se conscientizar o aluno da importância de ter o que dizer, querer dizer, para quem dizer.

Não irei desenvolver aqui uma nova teoria, apresentar soluções mágicas ou estratégias revolucionárias para que o aluno escreva *bem*. A intenção é juntar ideias, refletir sobre experiências práticas e leituras feitas que se constituam matéria para contribuir nessa área tão controversa e espinhosa, mas essencial. Há maneiras e maneiras de se produzir um texto: ou elegemos uma ou utilizamos várias.

Algumas propostas

Ronald Claver (1999), por exemplo, propõe um método interessante. Baseia-se em etapas: ler, refletir, pensar e, se possível, viajar.

Seleciona textos que falam do ofício de escrever: reveladores e questionadores, mostrando a outra face da escrita. Aparentemente sem ligação com o que virá mais adiante. Depois, propõe um exercício de relaxamento criativo. Uma preparação para a outra etapa. Um esquentamento, um treino para uma escrita futura. O aluno/escritor aquece a mente e a mão. Finalmente, relaxados e/ou esquentados e, com a ajuda de textos motivadores, partem para a realização da tarefa proposta.

Em qualquer estratégia, os professores devem sempre atuar como mediadores. Acompanhar a leitura dos textos, criar novas práticas a partir do desejo ou da necessidade dos alunos, dinamizar as aulas, tornando-as agradáveis e produtivas. Após selecionar o texto motivador, planejar com antecedência é essencial, pensando as atividades antes de indicá-las para que alcancem a dimensão (ou a perspectiva) de cada uma. A partir do conhecimento de mundo e da própria experiência, reunirão melhores condições para organizarem o processo da produção textual. O tempo dedicado a cada etapa dependerá do interesse e dos desdobramentos. O tempo necessário para a escrita, por sua vez, será combinado entre professores e alunos.

Os professores buscarão textos de diferentes gêneros, primeiramente para que os leiam expressivamente: que realmente envolvam, que seduzam, que agucem a curiosidade, que tragam informações, que propiciem uma atividade inspiradora.

Acontecimentos imprevistos servem de motivação: uma notícia de jornal que surpreende, o susto provocado pelo assalto, a discussão na loja por motivo banal, o capítulo palpitante da novela, tudo motiva a escrita (e a fala), resumida ou detalhadamente. Por outro lado, a *fertilização*, produzida por textos autorais, põe o aluno em contato direto com gêneros que precisa manipular. Tais modelos, analisados e *imitados* em estrutura e conteúdo, gradativamente, se distanciarão, até que o aluno adquira domínio (cada um de acordo com a sua capacidade) completo (ou parcial) do gênero para finalmente chegar a uma forma autoral na redação dos próprios textos. Objetiva-se compreender a relação indissociável entre leitura e escrita.

A produção textual, na maioria das vezes, segue uma sequência: estudo do texto, compreensão e interpretação, análise linguística etc., evidentemente isso não deve ser rígido, permitindo outras possibilidades.

A *correção* ou qualquer nome mais palatável torna-se necessária, sempre que possível, na presença do aluno, cuidando-se para não influenciar ou mudar radicalmente o estilo do escritor, impondo-lhe uma estética que não é a dele. Outra providência é comunicar ao aluno o que se avaliará, que critérios valerão, definindo e diferenciando bem os conceitos de *errado* e de *inadequado*.

A EJA encontra elementos de contribuição também nos PCNs (Parâmetros Curriculares Nacionais), elaborados pelo Ministério da Educação e Cultura, ao final dos anos 1990, com a finalidade de propiciar aos sistemas de ensino, particularmente aos professores, subsídios à elaboração e/ou reelaboração do currículo, visando à construção de um projeto pedagógico, cujo vetor seria a cidadania do aluno. Em 2006, saíram as Orientações Curriculares Complementares.

O capítulo destinado à Língua Portuguesa para o ensino de educação fundamental, reforçando o compromisso com o exercício da cidadania, destaca a necessidade de se criarem condições para que o aluno desenvolva sua competência discursiva e, em seu bojo, a competência linguística e estilística, definidas no documento editado em 1998.

Firma-se o texto como unidade básica de ensino e a noção de gênero, constitutiva do texto, como objeto de ensino, considerando que os textos organizam-se sempre dentro de restrições de natureza temática, composicional e estilística, que os caracterizam como pertencentes a este ou aquele gênero.

Em relação aos textos orais, ressaltamos sua utilização no planejamento e na realização de apresentações públicas: entrevistas, seminários, debates etc. O objetivo é o de reproduzir nas situações didáticas aquelas que se colocam fora dos muros da escola e em que se avaliarão os alunos (aceitos ou discriminados) à medida que forem capazes de responder a exigências de fala e de adequação às características próprias dos diferentes gêneros do oral.

Quanto à modalidade escrita, recomenda-se privilegiar textos de gêneros que apareçam com maior frequência na realidade social e no universo da instituição escolar, tais como notícias, editoriais, cartas argumentativas, artigos de divulgação científica, verbetes, contos e romances, com o devido cuidado para que a leitura também se faça de maneira diferenciada, respeitando a diversidade que acompanha a recepção a que os textos são submetidos nas práticas sociais de leitura.

Minha experiência

Desde 1995, o Curso Noturno do Colégio Santo Inácio, em Botafogo, no Rio de Janeiro, espaço em que desenvolvo um projeto, publica um livro chamado *Falas*, com textos dos alunos, elaborados em sala de aula, escolhidos, corrigidos e aperfeiçoados com a ajuda dos professores. Tais textos são, muitas vezes, autobiográficos. A maioria não produz ficção, mas vida real. *Falas* preserva a memória cultural de um grupo que surpreende pela busca de afirmação, possibilitada pela volta aos estudos. Mesmo os não selecionados sentem-se representados pelos colegas.

A coordenadora de Língua Portuguesa da época me convidou para fazer a apresentação de um dos livros. Além da satisfação pessoal, entendi o gesto como prova da inserção no trabalho do colégio. No dia do lançamento, por ocasião da sessão de autógrafos, constatei a alegria e o entusiasmo reinantes. É um momento de rara emoção e de exercício de autoestima.

Reproduzo a seguir um texto de aluno publicado.

> O MILHO EM MINHA VIDA
>
> O milho faz parte da minha vida porque aprendi a cultivá-lo quando ainda criança. Esse grão maravilhoso é parte de mim, pela ligação que tenho com ele. Esse vínculo começa no momento que vamos preparar a terra.
> Deixando bem arada, sem troncos, pedras e estercada (fertilizada). Agora a relação vai ficar mais íntima, pois os grãos amarelados cor de ouro vão passar pelas minhas mãos, vou abrir buracos na mãe terra, que está pronta para receber essa semente que vai dar o alimento de cada dia. Para aqueles que dependem muito dessa fonte de energia, como o pássaro-preto, formiga cortadeira, rosca-da-terra (lagarta), rato do campo, caruncho, macaco e animais domésticos e eu como agricultor.
> O convívio dos camponeses com a agricultura é de muito respeito e amor. Principalmente com o milho, pois depois do trigo ele é o segundo alimento mais cultivado do mundo.
>
> FFSJ – 7ª A

Na EJA ou em qualquer modalidade, cabe à escola ensinar o aluno a utilizar a linguagem de modo adequado nas diferentes situações comunicativas. Chega-se aos resultados pela prática constante de leitura e de produção de textos, apelando-se à atividade metalinguística ou à gramatical quando for preciso ampliar (e/ou aperfeiçoar) o repertório do aluno.

Um novo pressuposto se impõe: não mais a língua como sistema linguístico fechado, mas o texto como unidade básica de ensino. Não concebido de modo uniforme, apresentando-se na forma oral ou escrita, considerando a diversidade de textos e de gêneros. Para o público da EJA, pelas próprias especificidades, a produção textual é indício forte de inclusão social. Falar e/ou escrever adequadamente fazem a diferença em grupo.

Não se deve separar o aprender a ler do aprender a produzir. Aprende-se a ler produzindo textos e aprende-se a produzir lendo.

É essencial evitar o artifício do idioma que utiliza a mesma palavra "escrita", para designar os processos que se desenvolvem em ritmo muito diferente: o escrever/grafar e o escrever/produzir textos. Isso é limitação da escrita, circunscrevê-la a regras preestabelecidas. Na EJA, os textos produzidos pelos alunos devem ser lidos e considerados da mesma forma que aqueles trazidos pelos professores. Os textos "deles" têm valor real, com interesses sociais, não servindo apenas para se apontarem incorreções formais.

Destacam-se competências linguísticas comuns utilizadas tanto para (aprender a) ler como para (aprender a) produzir textos. Na leitura, identificam-se as chaves de construção do significado; na produção de textos, traduzem-se as intenções em *marcas linguísticas características.*

Para ressaltar as competências, é recomendável *eleger* e *utilizar* conceitos oriundos dos vários enfoques dos estudos linguísticos a fim de elaborar um conjunto coerente do ponto de vista didático que os articule. Esses conteúdos servirão para os professores em suas práticas para ler e produzir textos em sala de aula, de acordo com as necessidades do momento, as próprias informações e as intuições linguísticas. Aqui se situa o problema maior, o ponto nevrálgico de todo o processo. Tal etapa depende de conhecimentos gramaticais necessários à leitura e à consequente produção textual; os professores do Curso Noturno procuram (in)formalmente passar determinadas noções gramaticais que ajudam os alunos na fala e na escrita. A apropriação de uma sistematização eficiente lhes proporcionará melhores condições no trato com a língua, transferindo conteúdos adequadamente para o dia a dia. Surgem, então, as questões sobre o que, o como e o para que ensinar gramática.

Sugiro, em princípio, considerar sete níveis de conceitos linguísticos fundamentais, que se encaixam e se interagem. A atividade de leitura é um *ir* e *vir* entre esses níveis, e as marcas linguísticas que lhes correspondem constituem os índices pertinentes para construir o significado de um texto, o que incidirá sobre a produção textual.

Tais conceitos são oriundos das reflexões sobre as atividades observadas e de leituras teóricas, principalmente Teberosky (2003):

1. A noção de contexto (de um texto)
   - contexto situacional (como o texto chegou ao leitor?)
   - contexto textual (origem do texto): é tirado de uma escrita complexa (de um diário, de uma antologia etc.)? É um texto autônomo (carta, anúncio etc.)?
2. Principais parâmetros da situação comunicativa
   - expositor: quem o escreveu?
   - destinatário: a quem se dirige?
   - propósito e desafio
   - objeto (conteúdo exato da comunicação)
3. Tipo de texto: carta, poema, quadrinhos etc.
4. Superestrutura manifestada na forma de:
   - esquema narrativo em "história" (conto, fábula etc.)
   - dinâmica interna (início/fim e progressão)
5. Linguística textual
   - opções da enunciação (pessoas, tempos, lugares) e respectivas marcas
   - nexos: os substitutos (anafóricos) e os conectores
   - os campos semânticos (redes de significados)
   - pontuação do texto
6. Linguística da frase
   - sintaxe: grupos, (marcas de) relações, transformações
   - vocabulário: opções léxicas, palavras no contexto
   - ortografia
   - pontuação da frase
7. Palavras e microestruturas
   - grafemas (maiúsculas e minúsculas): combinações mais frequentes e as relações grafema/fonema
   - microestruturas sintáticas: marcas nominais, singular/plural, masculino /feminino; marcas verbais (pessoas, tempos)
   - microestruturas semânticas: radicais, prefixos, sufixos.

A observância a tais conceitos facilitam as condições necessárias à escrita, mesmo que se desconsiderem (ou se posterguem) as nomenclaturas.

Falar sobre o que leram, sobre suas próprias histórias de leituras, complementando por outras opiniões, sendo questionados, gera um debate saudável, dinâmico e, principalmente, real. Mesmo o professor conduzindo, enriquecendo, os alunos permanecem o centro das atividades: suas opiniões (suas inúmeras experiências) levadas em conta, nunca minimizadas ou tratadas com condescendência (na EJA).

Explora-se bem a linguagem, incentivando-se a prestarem atenção nas formas de dizer dos outros e as trazerem para a própria escrita, incorporando-as. É um processo lento, mas com resultados compensadores, se houver preocupação sistemática e contínua. Se a percepção for um diferencial implícito nas atividades.

Vygotsky (1978) considera a linguagem (oral e escrita) uma das ferramentas culturais mais poderosas. Hicks (1996) sinaliza que o movimento do plano exterior para o interior implica um processo ativo de transformações, e não uma cópia mecânica da experiência, como parte do processo de construção do pensamento ou da fala interna. Ao mesmo tempo em que o ator social internaliza o discurso social, o reorienta em direção às suas próprias experiências e propósitos. Para Bakhtin (1981), o processo de aprendizagem implica a apropriação de discursos, ou seja, o processo de converter as palavras alheias em próprias.

A preocupação com a linguagem escrita estende-se a outra questão bem complexa: a falta de cuidado ao se escolher o fragmento na obra completa. Há necessidade de critério e atenção para não se perder a unidade semântica e/ou estrutural. Caso se fragmentem inadequadamente os textos autorais, de tal forma que as características do gênero sejam desrespeitadas, sonegando ao aluno o conhecimento e a experiência dos mecanismos linguísticos que fazem do texto um todo organizado, ele se priva do contato direto com elementos constitutivos – e fundamentais – da textualidade e da linguagem escrita.

Como, em primeira instância, ensinar a ler é alfabetizar, letrar, levar o aluno ao domínio do código escrito, ensinar a ler continua levando o aluno ao domínio de códigos mais elaborados e mais especializados, por meio de práticas contínuas que aumentam o nível de dificuldade.

Geraldi atribui ao texto papel essencial na aula de português: "Se quisermos traçar uma especificidade para o ensino de Língua Portuguesa, é no trabalho com textos que a encontraremos. Ou seja, o específico da aula de português é o trabalho com textos" (2002: 105). Considera-se o texto como *diálogo*, e não apenas como estrutura: para não repetir os mesmos velhos procedimentos, é necessário, antes de questionar *a criatividade*, *a coerência*, *a coesão*, *a sequência dos episódios*, *a introdução*, *o desenvolvimento*, *a conclusão*, *a estrutura dos parágrafos*, *a correção etc.*, perguntar a função desse texto no diálogo de que participa.

Não se trata de ensinar a escrever uma crônica, um conto, um relatório, um bilhete. Não se trata de ensinar a forma de um determinado tipo de texto e/ou de avaliar um texto produzido por um aluno pela sua capacidade de obedecer ao cânone do gênero, de reproduzir uma forma. Trata-se de solicitar ao aluno que escreva para contar o que viu, como viu, como viveu a experiência e para nos mostrar como acha que deveríamos ter vivido aquilo se também tivéssemos visto. Se o veículo em que se publicará tal texto é, por exemplo, um jornal escolar, depois de escrita a primeira versão do texto, depois da discussão de seu conteúdo e de seu mérito, depois de os leitores apontarem o que há nele para acrescentar, tirar ou substituir em obrigatória reescrita, então, vamos confrontá-lo com a tradição formal e discutir as vantagens e as desvantagens de adequá-lo ou não ao cânone do gênero.

Para Guedes e Souza:

> [...] ensinar a escrever na aula de português é, portanto, apresentar os contextos de diálogo em língua escrita e propiciar aos alunos a participação nesses contextos. O mais amplo deles é o da língua escrita, que organiza nossa vida na sociedade em que vivemos. (1998: 149)

E, no caso da EJA, com a devida e necessária inclusão social.

Torna-se fundamental, então, possibilitar situações para que o exercício da escrita pelo aluno se constitua realmente atividade intelectual – e não atividade mecânica da cópia –, para que ele tenha a oportunidade e a orientação para buscar eficácia e perfeição, para que escreva para produzir (e não apenas para resumir, parafrasear ou repetir lugares-comuns); para registrar, comunicar, influir, entender, comover, criar.

Para Oliveira e Paiva (2004), a perspectiva político-cultural dos anos 1960 (conduzida pela experiência de Paulo Freire) não pode ser afastada de qualquer projeto voltado para a EJA, reforçando a necessidade de o educador saber que há um papel fortemente marcado, o de dar instrumentos aos jovens e adultos para participarem da rede de comunicação da sociedade por meio da leitura e da escrita, em que cada um diga a sua palavra e seja autor do seu texto.

Sirvo-me dos pressupostos da pesquisa-ação. Justifica-se tal metodologia em virtude de facilitar, segundo Thiollent, "[...] a busca de soluções aos reais problemas para os quais os procedimentos convencionais têm pouco contribuído" (2000: 8).

Assim, desenvolve-se um estudo para tornar o saber linguístico um portal de entrada que garanta o êxito do indivíduo em seus projetos de comunicação e, consequentemente, em outras práticas da vida quotidiana em que lance mão da sua experiência com o texto.

A pesquisa-ação, então, é uma metodologia de caráter formativo, que parte de uma situação social concreta que precisa de transformação.

Thiollent observa que "[...] a pesquisa-ação não é constituída apenas pela ação ou pela participação. É necessário produzir conhecimentos, adquirir experiência, contribuir para a discussão ou fazer avançar o debate das questões abordadas" (2000: 22). O foco não está apenas no produto final, mas também nas mudanças que ocorrem durante o processo. Se o objetivo maior é a melhoria das condições de comunicação, a pesquisa-ação surge como uma eficaz estratégia para a resolução de questões pontuais nas aulas de Língua Portuguesa em que as formas convencionais de intervenção mostram resultados pouco satisfatórios.

Na realização das tarefas, somente se intervém quando necessário. Se o grupo não consegue solucionar problemas, facilita-se o caminho para a descoberta de respostas. Convive-se com a incerteza de situações dinâmicas, as quais estimulam a busca de soluções. Os saberes vão sendo (re)construídos, tecidos, num processo sem fim.

Os envolvidos não são objetos, mas sujeitos ativos e conscientes das transformações que ocorrem em prol de sua autonomia, detectadas desde os primeiros contatos com o grupo e que se sustentam por uma reflexão coletiva. Há uma mudança no olhar, instala-se uma vontade de superar os obstáculos que impedem a produção do conhecimento para, em seguida, chegarem às ações. Tais características se ajustam à escrita em busca da autonomização do sujeito e de transformações, antes, interiores, para depois extravasarem para o mundo.

Em certa aula da EJA, apresentou-se um texto de Raquel de Queiroz (2001), "A casa de farinha". Alguns alunos se manifestaram ao se lembrarem das próprias experiências. Um rapaz até a desenhou no quadro, auxiliado por colegas. Surpreendi-me com a exatidão dos detalhes e com o conhecimento demonstrado de sua funcionalidade. Espontaneamente produziu-se um texto com linguagem verbal e não verbal envolvendo o grupo. Refleti criticamente sobre aquela situação. Quantos alunos dos cursos regulares haviam visto *ao vivo* uma casa de farinha? Quantos sabiam para que servia ou como operá-la? Quantos percebiam a sua importância cultural? Quantos ignoravam sua existência?

Muitos alunos da EJA são nordestinos, vindos para o Rio de Janeiro na esperança de uma vida melhor, de um futuro mais tranquilo. Revelam experiências arraigadas e se orgulham delas. Poucos, querendo "ascender socialmente", renegam as origens.

É fundamental, então, a EJA considerar as especificidades desses alunos, adequando-se aos seus interesses. Isso não pressupõe que lhes ofereçamos apenas elementos da sua realidade, mas também o que ainda não conhecem, acrescentando outras experiências e situações, enriquecendo-os. Ao aproveitar o que trazem e dominam, cabe ao professor administrar tal conhecimento, ampliando os horizontes em limite compatível com o contexto. A autoestima se ressignifica ao se (re)conhecerem no que lhes é mostrado. A interação professor e aluno torna-se essencial porque, lembrando Guimarães Rosa, "professor é quem de repente aprende". Nada satisfaz tanto ao aluno como "ensinar" o saber que detém ao professor e ao colega.

Outra estratégia de escrita, segundo Soares (2009), considera três momentos na sua abordagem. Temos primeiramente uma *pré-escrita*, englobando atividades que auxiliem o aluno a realizar a tarefa, a reunir informações e a gerar ideias. Podem ser em pares ou grupos, verdadeiros *brainstormings* – tempestades mentais, oralmente ou por escrito, ideias que vêm à mente. O aluno as seleciona, as organiza, determinando a ordem mais apropriada para apresentá-las. Preocupa-se, assim, com o leitor e seu contexto para concretizar a comunicação.

O segundo momento corresponde à escrita que se encerra quando o texto está *pronto* para (re)avaliação na revisão.

As atividades de revisão ou *pós-escrita* incluem a leitura e a avaliação do que se escreveu e o retorno opinativo do professor e dos colegas. Assim, passa-se à segunda versão, ou, se for o caso, rascunhos múltiplos até chegar ao que se considera o melhor texto possível.

Elbow (2002) também oferece uma estratégia que já provou sua eficácia na EJA: a escrita livre. O autor escreve sobre um tópico a ele relacionado por mais ou menos dez minutos, sem nenhuma preocupação com correção gramatical, de acordo com o "jorro verbal". Depois, são mais vinte minutos para reorganizar e revisar o texto e torná-lo bom para compartilhar com a turma.

Pennac (1998) enfatiza a relevância de se ler em voz alta. Aqui, evidentemente, temos um texto bem simples, autoral, elaborado conscientemente. A leitura em voz alta pode ser difícil, penosa até, mas essencial. Elimina problemas capazes de provocar ruídos na comunicação, com interferência de caligrafia ilegível, ou de erros de ortografia. Percebem-se as sutilezas, a musicalidade, a clareza, a adequação, a cadência, a harmonia etc., que o deixam mais *completo*, mais *interessante*. Por outro lado, sobressaem os desacertos: cacofonias, concordâncias malfeitas, períodos enormes e confusos, falta de ritmo, palavras mal colocadas ou repetidas.

Sumarizando para concluir

Deve-se incentivar a expressividade da leitura e proporcionar ao autor ouvir sua própria voz. O grupo faz observações, críticas positivas ou negativas. As ideias são mais importantes que a forma do texto. O autor pode também escolher um leitor particular para evitar possíveis tensões ou desavenças. A leitura silenciosa, entretanto, funciona como alternativa à oral, se há inconvenientes em excesso; ou, então, as duas devem coexistir.

Para que qualquer estratégia apresente resultados positivos, é fundamental a ação do professor. Ele medeia as atividades, acompanhando os procedimentos. Orienta, mas sem interferir nas decisões.

A preocupação com a produção textual eficiente deve incluir-se no trabalho docente diuturno, entretanto, não se justifica a enorme tensão que tal atividade gera, nas expectativas dos desdobramentos. Há inúmeras maneiras para que o aluno *escreva*. Ninguém melhor e mais preparado que o professor para fazê-lo. Não nos parece natural seguir uma teoria, um livro, um autor (da moda) ou se ocupar de procedimentos mirabolantes para que todos se tornem *escritores*. O bom senso, o entusiasmo, a criatividade e a consciência da necessidade da comunicação escrita ou oral no dia a dia levam os professores a proporem estratégias que instiguem e que motivem o aluno a expor suas ideias sem receios ou inibições.

Na EJA, tal escrita, ainda que sem refinamentos estéticos, deve refletir seu autor, outorgando-lhe um papel na sociedade e com ela interagindo.

Referências Bibliográficas

BAKHTIN, Mikhail. *The dialogic imagination*: four essays. Austin, Texas: University Austin Press, 1981.

BRASIL/SEMTEC. *Parâmetros curriculares nacionais*: ensino fundamental/ensino médio. Brasília: MEC/SEMTEC, 1998.

CLAVER, Ronald. *Escrever com prazer*: oficina de produção de textos. Belo Horizonte: Dimensão, 1999.

ELBOW, Peter. High stakes and low stakes in assigning and responding to writing. In: DELUCA, G.; FOX, L.; JOHNSON, M. M.; KOGEN, M. *Dialogues on writing*: rethinking ESL basic writing and first year composition. New Jersey: Laurence Erlbaum Associates Publishers, 2002.

FRANCO, Maria Amélia Santoro. Pedagogia da pesquisa-ação. *Educação e pesquisa*. São Paulo, v. 31, n. 3, set./dez. 2005.

GERALDI, João Wanderley (org.). *O texto na sala de aula*. São Paulo: Ática, 2002.

GUEDES, Paulo Coimbra; SOUZA, Jane Mari de. Não apenas o texto mas o diálogo em língua escrita é o conteúdo da aula de português. In: NEVES, Iara Conceição Bitencourt et al. (orgs.). *Ler e escrever*: compromisso de todas as áreas. 2ª ed. Porto Alegre: Editora da UFRGS, 1998.

HICKS, Dan. Contextual inquives: a discourse oriented study of classroom learning. In: HICKS, Dan. *Discourse, learning and schooling*. Cambridge: Cambridge University Press, 1996.

OLIVEIRA, Inês Barbosa; PAIVA, Jane (orgs.). *Educação de jovens e adultos*. Rio de Janeiro: DPA, 2004.

PENNAC, Daniel. *Como um romance*. 4. ed. Rio de Janeiro: Rocco, 1998.

PEREIRA, Maria Teresa Gonçalves. *Ler, refletir, expressar:* uma proposta de ensino da língua portuguesa para a Educação de Jovens e Adultos (EJA). Projeto de pesquisa Prociência/UERJ/FAPERJ. Rio de Janeiro, 2012/2015.

QUEIROZ, Raquel de. A casa de farinha. In: _____. *O caçador de tatu*. São Paulo: Siciliano, 1994.

SOARES, Doris de Almeida. *Produção e revisão textual*: um guia para professores de português e línguas estrangeiras. Petrópolis: Vozes, 2009.

TEBEROVSKY, Ana et al. *Compreensão de leitura*: a língua como procedimento. Porto Alegre: ARTMED, 2003.

THIOLLENT, Michel Jean Marie. *Metodologia da pesquisa-ação*. 10. ed. São Paulo: Cortez, 2000.

VYGOTSKY, Lev Semenovich. *Mind in society*: The development of higher psychological processes. Cambridge, MA: Harvard University Press, 1978.

Ensinando a documentar o pensamento

Darcilia Simões

O desafio

Despertar a curiosidade de alguém para um objeto conhecido é um exercício de estrategista, porque é imperioso demonstrar ao aluno a necessidade e a relevância das aulas de Língua Portuguesa como *língua materna* (L1, a primeira língua adquirida em casa – Richards e Plat, 1992: 238). Halliday e Hasan (1985: 26) propuseram um itinerário eficiente para essa demonstração a partir de três componentes semântico-funcionais, posteriormente denominados *metafunções da linguagem*.

O conhecimento de que a expressão dos conteúdos – *componente ideacional* – dos quais o homem se apropria na interação com o mundo se realiza pela língua é a primeira prova de sua importância. Impõe-se, então, demonstrar ao aluno que a interação humana é a base do relacionamento, e é necessidade original da tendência gregária inerente aos seres, em especial, aos humanos. Esse relacionamento interpares comprova a existência do *componente interpessoal*, que reúne as funções social, expressiva e conativa da linguagem, por meio das quais o homem consegue integrar-se aos grupos, mostrar-se como indivíduo e captar a atenção de seus interlocutores. Resumindo, o *componente ideacional* representa o falante em seu papel de observador, enquanto o *componente interpessoal* mostra-o como *o outro*. O terceiro componente é indispensável para a concretização dos dois anteriores, pois compreende os recursos de que a língua dispõe para produzir os textos. É o *componente textual*, pelo qual se materializam (na fala ou na escrita) os pensamentos, sentimentos, impressões, julgamentos etc. com os quais os falantes se manifestam, interagem e influem uns aos outros.

Para convencer o aluno da importância das aulas de língua, cumpre então explicitar que os componentes *ideacional*, *interpessoal* e *textual* vão ajustar-se às situações comunicativas, das quais participam interlocutores de idades, origens, profissões, posições hierárquicas etc. diferentes. Em outras palavras, o aluno deve ser orientado quanto à pluralidade de situações comunicativas das quais poderá participar ao longo de sua vida, e isso implica saber distinguir espaços sociais, interlocutores e formas de expressão diferenciados. Assim sendo, dominar a língua demanda conhecer formas e procedimentos linguísticos que operam a mediação entre mundos diversos, sentimentos, ideias, ideais, visões de mundo.

O problema

É urgente a preparação do docente para ensinar a língua nacional na variedade padrão, sem descurar da identificação das demais variedades e da respectiva articulação com os gêneros textuais e as situações de interlocução. A inclusão social pautada na liberação da fala do aluno é forte entrave nas aulas de L1, pois impede que o aluno perceba a relevância de que, para expandir seus horizontes socioculturais, precisa aprender outras variedades linguísticas além da que já domina. Lembremos o que ensina Bechara: "Todo falante de uma língua histórica é plurilíngue, porque domina ativa ou passivamente mais de uma língua funcional [...]; e o sucesso da educação linguística é transformá-lo num 'poliglota' dentro de sua própria língua nacional" (1999: 38). Para tanto, é preciso convencer o estudante de que estudar a sua língua é uma necessidade social e histórica, cujo conhecimento vai lhe dar meios de, muito mais que poder representar o mundo, poder "construir sobre o mundo uma representação" e "oferecê-la ou impô-la" aos seus pares (Geraldi, 2002: 52).

Levar o aluno a reconhecer-se como falante e a valorizar sua fala em meio a outras tantas existentes é a base para as aprendizagens subsequentes. Uma vez reconhecida a validade de sua fala, o aluno irá adquirir segurança para as práticas futuras. A inspiração na aprendizagem significativa (Ausubel, 1963) deve ensejar a produção de atividades que tragam à cena o conhecimento prévio discente que será o patamar para a construção de novos conhecimentos.

Um sujeito que já domina relativamente a fala, depois de ter sido convencido da importância e utilidade da modalidade escrita e de ser capaz de registrar por escrito a sua fala cotidiana, estará apto para a aquisição de outras variedades da língua. Schneuwly, seguindo Leontiev, ensina que, "dentre as diferentes atividades humanas, a *atividade de linguagem* funciona como uma interface entre o sujeito e o meio e responde a um motivo geral de representação-comunicação" (2011: 63 [grifo do autor]). Por isso, decorre de situações de comunicação e se desenvolve em momentos de cooperação social, uma vez que a prática comunicativa realiza simultaneamente três ações/funções: representa as ideias do falante, promove a interação e materializa-se em textos. Dessa forma, opera no eixo da iconicidade e comprova o viés sistêmico-funcional da linguagem.

A prática pedagógica

Professor e aluno, em princípio, representam estratos sociais distintos e experiência linguística diferenciada. Essas características devem ser exploradas em prol da eficiência das práticas pedagógicas: o convívio das diferenças precisa ser observado como repositório de objetos linguísticos (e sociais) que representam a riqueza do sistema e possibilitam a interação dos sujeitos em qualquer instância comunicativa.

Nessa perspectiva, as aulas devem pautar-se no ensino dos recursos da língua que permitem a organização objetiva do pensamento, seja na fala seja na escrita. Tanto a teoria da iconicidade verbal (doravante TIV) (Simões, 2009) quanto a linguística sistêmico-funcional (doravante LSF) (Halliday, 2004) têm por premissa a ideia de que é preciso planejar etapas gradativas de aquisição dos objetos linguísticos, para que seja possível aplicá-los em diferentes atos comunicativos. Partindo do domínio verbal do aluno, explora-se a leitura de objetos de mundo que então se transformam em objetos de discurso (Mondada, 2002) e, por fim, em objetos textuais. Os objetos de discurso estão em recategorização constante e assim evocam universos, memórias e representações que são pré-construtos culturais (Grize, 1996). Essa modelagem cultural pode ser identificada com auxílio da teoria sistêmico-funcional (Halliday, 2004: 168), que interpreta a oração como uma unidade gramatical multifuncional que engloba três tipos de significado: *ideacional*, *interpessoal* e *textual*. Este, em última análise, é a representação *icônico-indicial* (cf. Peirce, 1958-1966) do que o falante pensa e sente. É *icônica* por seu caráter representativo, figurativo, imagético; é *indicial* por seu potencial indutor, capaz de conduzir o interlocutor pela superfície do texto. A representação textual é nosso objeto de estudo, cujo foco neste capítulo é a seleção vocabular, uma vez que a eficiência comunicativa implica a representação das ideias por meio de palavras e expressões que possam orientar o leitor na construção de sentido do que ouve ou lê.

O processo

O homem é um animal comunicativo e deve ser capaz de representar suas ideias de modo a ser compreendido por seus pares e, dessa forma, garantir sua inserção e movimentação social. Essa é a premissa que deve orientar o trabalho docente. O ensino da língua deve, portanto, levar o estudante a dominar a língua oficial – a que predomina nos documentos organizam as ações sociais – e suas variedades (sociais, geográficas e históricas), para que possa empregá-las adequadamente, segundo os contextos de interlocução.

A competência verbal se manifesta na habilidade de selecionar vocabulário segundo o tema e o projeto de interlocução. O vocabulário ativado serve como indicador do nível de domínio do assunto (empírico, técnico, científico etc.), deve adequar-se ao gênero textual que, por sua vez, precisa ser eleito segundo o tipo de interlocução e de auditório ("o conjunto daqueles que o orador quer influenciar com sua argumentação" (Perelman e Tyteca, 2002: 22)), a que se destina o texto. Ilustrando:

Quadro 1 – Seleção vocabular e adequação

<table>
<tr><th>Tema</th><th>Interlocutores</th><th>Gênero textual</th><th colspan="2">Vocabulário ativado</th></tr>
<tr><td rowspan="6">Feriado prolongado</td><td rowspan="2">Polícia rodoviária e motoristas</td><td rowspan="2">Comunicado</td><td>Nomes</td><td>Estrada, velocidade, veículos, cuidado, atenção, radar, multa, documentos etc.</td></tr>
<tr><td>Verbos</td><td>Alertar, advertir, recomendar, instruir, exigir etc.</td></tr>
<tr><td rowspan="2">Governo a cidadãos</td><td rowspan="2">Notícia</td><td>Nomes</td><td>Ponto facultativo, servidores, repartições, horários etc.</td></tr>
<tr><td>Verbos</td><td>Decretar, decidir, anunciar, funcionar etc.</td></tr>
<tr><td rowspan="2">Familiares</td><td rowspan="2">Conversa</td><td>Nomes</td><td>Feriadão, descanso, passeio, futebol, cinema etc.</td></tr>
<tr><td>Verbos</td><td>Relaxar, descansar, passear, malhar, beber, morgar etc.</td></tr>
</table>

A escolha de palavras e expressões (itens léxicos) é processada na mente segundo os referentes ali evocados, logo, a produção textual representa léxico-gramatical e iconicamente o raciocínio do enunciador. Todavia, essa representação precisa ser também icônica para o interlocutor, para que realize o processo de construção de significados. Este se inicia com a associação de imagens mentais a conceitos (Saussure, 1974), a qual é gerenciada pelo interpretante – que é o significado socialmente constituído e ajustado ao contexto de interlocução e ao gênero textual. Ilustrando.

Quadro 2 – Usos do verbo *morrer* segundo o gênero

Gênero	Conversa	Textos jornalísticos
Exemplo	O carro morreu na linha do trem. Que susto!	Um estudo com idosos no Reino Unido feito em 2013 constatou que, embora simplesmente relatar sentimentos de solidão não teve efeito sobre a probabilidade de morrer mais cedo, o isolamento social levou a maior probabilidade de morrer [...]. (Fonte: http://hypescience.com/7-coisas-que-podem-te-fazer-morrer-mais-cedo/)
Significado	Parar de funcionar	Perder a vida

Na comunicação oral, o concurso de elementos paralinguísticos e extralinguísticos preenche as lacunas deixadas no plano verbal; no entanto, na comunicação escrita, os signos ativados devem bastar-se à interlocução. Por conseguinte, pressupõe-se razoável domínio linguístico, para que o falante possa compreender a importância da seleção de formas a ativar em seus enunciados.

O texto é uma unidade de significação que se realiza na interlocução (Halliday, 2004: 587). Consequentemente, é preciso que o enunciado seja o mais icônico possível, para que os interlocutores consigam comunicar-se. O léxico de uma língua, por pertencer à maioria dos falantes da língua, é icônico e constitui a base da *iconicidade intersubjetiva* (Simões, 2009: 88), que viabiliza a intercomunicação. Por isso, o trabalho pedagógico no âmbito do léxico deve iniciar-se nas séries iniciais, uma vez que se trata de uma aprendizagem cuja complexidade de traços deve ser gradativa e articulada com o desenvolvimento cognitivo do aprendiz.

Uma formulação icônica implica *solidariedade léxica* (Coseriu, 1977: 146-8), compatibilidade de traços semânticos entre as palavras de um sintagma. Segundo essa perspectiva, o conteúdo léxico articulado em torno de um tema (Ex.: casa, lar, moradia, residência, domicílio etc.) constitui um paradigma que reúne diferentes unidades de uma língua, as quais se opõem umas às outras por meio de traços distintivos (Ex.: a forma *casa* contém o traço *edificação*, enquanto *lar* é negativa em relação a esse traço). Assim, tem-se: casa [+edificação] / lar [-edificação]. Os sinais [+] e [-] indicam, respectivamente, presença ou ausência do traço semântico em foco. A análise desses traços pode explicitar a distinção entre o significado referencial e o figurado.

Quadro 3 – Formulação de sentido figurado e referencial

Sujeito	**Predicado**	**Traço dominante**	**Solidariedade**	**Sujeito**	**Predicado**	**Traço dominante**	**Solidariedade**
Galo		-humano	Não	Galo		+animal	Sim
	Canta	+humano			Cocorica	+animal	
Telefone		-humano	Não	Telefone		+sonoro	Sim
	Chama	+humano			Toca	+sonoro	
Mosquito		-dente	Não	Mosquito		+perfurante	Sim
	Morde	+dente			Pica	+perfurante	

A explicação dos traços semânticos nas séries iniciais dispensa obviamente as equações da semântica estrutural, mas pode ser traduzida pela compatibilidade entre as formas. Explicitar, por exemplo, ao aluno iniciante que para *morder* é preciso *ter dente*. Mosquito *não tem dente*; tem ferrão (um órgão perfurante como uma agulha), logo, *mosquito pica*.

O treinamento para expansão do domínio verbal demanda um trabalho sistemático e persistente a partir da leitura e observação do vocabulário ativado nos textos. É preciso enfatizar que a força imagética, icônica, das palavras e expressões representa: (a) maior ou menor formalidade entre os interlocutores; (b) gênero textual e variedade linguística adequada; (c) recorte temático etc.

Instruir desde cedo sobre a importância de documentar seu pensamento por meio de textos é uma forma de estimular o interesse do alunado nativo pelas aulas de língua. Incentivar a prática de leitura como meio de assimilação de palavras, expressões e formulação de frases; promover atividades de produção de gêneros textuais frequentes na vida cotidiana (bilhetes, cartas, requerimentos etc.); comparar textos em que um mesmo tema seja desenvolvido em gêneros distintos; analisar o vocabulário ativado em cada texto para identificar a formalidade ou informalidade que caracteriza o gênero; confrontar textos referenciais e metafóricos para avaliar a clareza da expressão; assinalar na superfície do texto palavras e expressões que orientam a identificação do tema e de subtemas sendo, portanto, gerenciadoras da compreensão e da interpretação.

Segundo a orientação da TIV e da LSF, é possível comprovar que o domínio da língua, em especial de seu vocabulário, permite ao falante – além da leitura com compressão – produzir textos sintonizados com o projeto de comunicação desejado. É possível marcar na superfície do texto a relação de intimidade ou não entre os interlocutores, a segurança do enunciador em relação ao tema em desenvolvimento, a competência na escolha do gênero textual, a partir de uma estratégica seleção e combinação de palavras. A LSF orienta a estruturação linguística pelo foco paradigmático; a TIV orienta a formulação verbal mediante as qualidades dos signos quanto a facilitar a leitura e a compreensão dos textos. As duas teorias se pautam na iconicidade das formas e são reguladas pelas metafunções: ideacional, interpessoal e textual, sendo esta última o objeto principal do ensino e da aprendizagem das línguas, por reunir em si as operações gramaticais integradas. A função textual se constitui morfossemântica e sintaticamente e deve deflagrar cognições de base imagética, uma vez que o texto materializa a discursivização das ideias, ideais e sentimentos.

Sumarizando para concluir

Este capítulo apresenta sugestão de prática pedagógica para o desenvolvimento do repertório discente e sua preparação para a produção de textos eficientes. Lançando mão de subsídios sistêmico-funcionais e da iconicidade verbal assessorados pela semântica estrutural de Coseriu, tem sido possível realizar atividades que, além de ampliar o domínio lexical do alunado, conscientiza-o acerca da importância das escolhas conscientes, quando da formulação de um texto.

A velha prática da redação com tema livre ou sobre temas "tirados da manga" em geral tem resultado ora no desinteresse do estudante em relação às aulas de sua língua, ora na memorização do chamado "nariz de cera". Este, um esquema de começo-meio-e-fim que se aplica a qualquer tema e confere ao texto uma feição de "pré-moldado", despersonalizado, ou mesmo de não texto, por absoluta ausência de coesão, progressão etc.

O domínio vocabular (ou lexical) é condição indispensável para a comunicação eficiente. É frequente ter-se notícia de acidentes de incomunicação provocados pelo emprego inadequado ou mesmo errado de palavras e expressões, como as que pode apurar na seção "Entreouvido por aí" da *Revista O Globo*, dos quais se transcrevem dois da edição de 19/04/2015: (a) "Põe tudo do liquidificador e tortura." (mulher ensinando uma receita para outra em supermercado) e (b) "Prefiro comprar carro usado. É menos democracia." (rapaz trocando óleo do carro em um posto de gasolina em Jacarepaguá).

Observe-se que a ativação das formas *tortura* e *democracia* demonstram preocupação do falante na escolha de palavras mais sofisticadas; no entanto, o desconhecimento lexical promove o emprego errado nos dois casos, pois liquidificador não é instrumento de tortura, senão uma ferramenta para *triturar* ou mesmo moer alimentos; e a compra do carro usado, geralmente entre pessoas físicas, dispensa a movimentação da conhecida papelada que caracteriza a *burocracia*, e não a democracia.

As frases da publicação nessa seção da revista são enviadas por leitores observadores que se surpreendem com o que ouvem em situações cotidianas. Por isso, são exemplos significativos que nos parecem razoáveis para a conclusão desse artigo que deixa aqui registrada a importância de uma prática pedagógica destinada a ampliar o vocabulário discente de modo a permitir-lhe uma comunicação eficaz.

Referências Bibliográficas

AUSUBEL, D. *The psychology of meaningful verbal learning*. New York: Grune and Stratton, 1963.

BECHARA, E. *Moderna gramática portuguesa*. ed. rev. e ampl. Rio de Janeiro: Lucerna, 1999.

COSERIU, E. Las solidariedades léxicas. In: ______. *Princípios de semántica estructural*. Madrid: Gredos, 1977, pp. 143-61.

FERREIRA, A. B. *Novo Dicionário Eletrônico Aurélio*. Edição eletrônica. [Aurélio, s.u.]. Curitiba, PR: Positivo Informática Ltda, 2010.

GERALDI, J. W. *Linguagem e ensino*. Exercícios de militância e divulgação. 4 reimp. Campinas, SP: Mercado de Letras; ALB, 2002.

GRIZE, J. *Logique naturelle et communications*. Paris: PUF, 1996.

HALLIDAY, M. A. *An Introduction to Functional.* Revised by C. M. I. M. Matthiessen. 3. ed. London: Edward Arnold, 2004 [1985].

______.; HASAN, R. *Cohesion in English.* Oxford: Oxford University Press, 1985 [1976].

MONDADA, L. Construction des objets de discours et categorisation: une approche des processus de référenciation. Trad. Mônica Magalhães Cavalcante. *Revista de Letras.* Fortaleza, v. 1-2, n. 24, 2002, pp. 118-30.

PEIRCE, C. S. *Collected Papers.* eds. Charles Hartshorne and Paul Weiss; ed. Arthur W. Burks. Cambridge, Mass.: Harvard Univ. Press, 1958-1966, v. 1-8.

PERELMAN, C.; OLBRECHTS-TYTECA, L. *Tratado da argumentação*: a nova retórica. São Paulo: Martins Fontes, 1996, pp. 31-58.

RICHARDS, J.; PLATT, J. P. *Dictionary of language teaching & applied linguistics.* 2. edition. London, UK: Longman, 1992.

SAUSSURE, F. *Curso de linguística geral.* Organizado por C. Bally e A. Sechehaye, colab. de A. Riedlinger. São Paulo: Cultrix 1974.

SCHNEUWLY, B.; DOLZ, J. Os gêneros escolares: das práticas de linguagem aos objetos de ensino. In: ______.; ______. et al. *Gêneros orais e escritos na escola.* Campinas/SP: Mercado de Letras, 2011, pp. 61-80.

SIMÕES, D. *Iconicidade verbal*: teoria e prática. Rio de Janeiro: Dialogarts, 2009.

Planejamento de textos para sua produção

Luiz Carlos Travaglia

A produção de textos envolve uma multiplicidade de fatos linguísticos e fatores, derivados da própria complexidade do texto, tais como: aspectos de coesão e coerência, categorias de texto (tipos/subtipos, gêneros e espécies), processos argumentativos, conhecimento linguístico em geral, entre outros. A produção do texto depende diretamente do conhecimento de tais fatos, que, no caso do ensino/aprendizagem, não precisam necessariamente ser explicitados teoricamente para os alunos. Neste capítulo, são abordadas tanto a questão da necessidade de planejamento para a produção de qualquer texto, o que envolve muitos dos conhecimentos a que aludimos, quanto a consideração dessa necessidade no ensino de produção de textos.

Ao produzir um texto, não se pode esquecer que ele sempre pertencerá a um gênero, apropriado para determinado tipo de situação de interação comunicativa. Isso vai regular muitos aspectos da produção, como o conteúdo temático (geralmente o tipo de informação), a estrutura composicional, objetivos e funções do texto, suas condições de produção (incluindo aqui o seu suporte que pode acarretar diferenças no texto produzido, como se verá na seção seguinte), e os recursos linguísticos a serem utilizados, mas não todos.

Independentemente do gênero a que pertença, todo texto, ao ser produzido, precisa ser planejado, seja com um planejamento por escrito, seja mentalmente, quando já se tem uma competência mais desenvolvida. Planeja-se o texto em diferentes aspectos, pois é preciso decidir:

1) *o que dizer*, em que se define o *conteúdo temático* e seleciona-se tanto o tipo de informação, próprio da categoria de texto (tipo/subtipo, gênero, espécie) a ser produzida e adequada à interação comunicativa a que o texto servirá, quanto as informações específicas sobre dado tópico que são pertinentes para atingir um objetivo pretendido (é o *para que* dizer) junto a determinado destinatário/alocutário/interlocutor (é o *para quem* dizer), o que evidentemente faz parte das condições de produção do texto;
2) *como dizer*, ao escolher recursos linguísticos e/ou de outras linguagens a serem utilizados e as estratégias do dizer, inclusive atendendo aos requisitos da categoria de texto adequada no plano da superfície linguística à interação comunicativa específica. A decisão do como dizer depende de fatores múltiplos, como, por exemplo, o objetivo do texto e a situação de produção em que ele surge (como a relação entre os interlocutores, o suporte ou veículo em que o texto aparecerá), o contexto geral em que ele irá funcionar para a ação pela linguagem;

3) que elementos do conteúdo serão apresentados em cada categoria da *superestrutura* da categoria de texto a ser produzida;
4) como organizar o conteúdo e as informações selecionadas em uma *estrutura composicional* que envolve minimamente:
   a) a *superestrutura* do gênero e do tipo dominante no gênero, quando for o caso;
   b) *organização tópica*, que envolve os tópicos e subtópicos, em relações de sequencialidade e hierarquia.

Neste capítulo, focaliza-se o planejamento para a produção do texto, mais especificamente na estrutura composicional, com ênfase particular na organização tópica necessária para a produção de um texto de qualidade e sua importância na metodologia de ensino de produção de textos (com uma contraface na compreensão dos mesmos). Como se pode perceber, há inter-relações entre os diferentes aspectos do planejamento que sempre serão explicitadas quando necessário, apesar do foco no planejamento da organização tópica.

Planejando a estrutura composicional

Uma vez estabelecido *o que* dizer, *para quem* dizer, *para que* dizer (*com que* objetivos), vem a decisão de *como dizer*. Esta envolve a construção da superfície linguística, a escolha dos recursos linguísticos e/ou de outras linguagens apropriados à produção dos efeitos de sentido pretendidos. A escolha dos recursos linguísticos é, em muitos aspectos, condicionada, por exemplo, pela categoria de texto (tipo/subtipo, gênero, espécie) que será apropriada para a interação em curso. A escolha da categoria de texto é fundamental, pois é a seleção da ferramenta adequada para se realizar determinada ação por meio da linguagem. Essa escolha é, sem dúvida, parte do planejamento do texto.

Cada gênero implicará elementos diversos a serem usados no planejamento do texto em produção e que dizem respeito a sua estrutura composicional, incluídos aí elementos como: a) sua superestrutura; b) como ele é composto por tipos e espécies; c) sua extensão; d) as linguagens a serem usadas (apenas a verbal ou a verbal e outras) e outros elementos como, por exemplo; e) se o texto será em prosa ou verso (neste caso quais elementos de versificação serão pertinentes); f) disposição de elementos no texto (como por exemplo: onde entram fotos, gráficos, infográficos, depoimentos etc., em uma reportagem de revista ou jornal).

A superestrutura é algo importante no planejamento de um texto, pois cada categoria sua deve ser realizada e atender a determinados requisitos. Assim, se se vai produzir um texto em que o tipo injuntivo é fundamental (horóscopos, ordens, conselhos, prescrições, regras e regulamentos, instruções de uso e montagem de aparelhos, receitas de cozinha ou médicas), é preciso pensar o que será incluído nas categorias da superestrutura injuntiva, a saber: a) elenco ou descrição em que se especificarão os elementos a serem usados na ação incitada no texto; b) incitação ou determinação em que se diz o que fazer e/ou como fazer; c) justificativa, em que se apresentam razões para a realização da ação incitada.

Todos esses elementos são fundamentais no planejamento de um texto que se vai produzir. Mas aqui vamos focar no planejamento da *organização e estrutura tópicas* que é um tipo de planejamento que não depende diretamente da categoria de texto que se vai produzir, pois todas têm uma organização tópica constituída por elementos básicos que explicitamos adiante. Por focarmos no planejamento da organização e estrutura tópicas é preciso registrar alguns elementos básicos sobre as mesmas e sobre o tópico discursivo. Para isso, vamos retomar o que é proposto por Jubran et al. (1992). Esses autores conceituam **tópico discursivo** com base em suas propriedades fundamentais (*centração* e *organicidade*) e tratam da **organização tópica** dos textos. A definição de tópico discursivo é feita para o estabelecimento de uma unidade de análise, usada como um instrumental de análise e válida para os textos orais e escritos, assim como o que se propõe sobre estrutura tópica.

Para Jubran et al. (1992), o **tópico discursivo** se define como o "acerca de que fala o texto" como um todo ou o "acerca de que se fala" em um segmento do texto. Quando o tópico é do texto como um todo, é o sentido global, sua unidade de sentido, que faz com que a sequência linguística seja um texto, pois tem coerência. Pedagogicamente, pode-se aproximar o conceito do tópico discursivo do conceito do que é chamado de *tema* ou *macroestrutura*, embora haja diferenças epistemológicas na sua conceituação: o **tema** é visto como a ideia central do texto, mais como a intencionalidade ou objetivo perceptível no texto, seja esta intencionalidade/objetivo a/o do produtor do texto ou não. A **macroestrutura** é vista mais como a ideia central, geradora de todo o texto, ou seja, é dela que derivariam todos os elementos presentes no texto. O **tópico discursivo** é visto também como esta ideia central, mas hierarquicamente superior e subordinante de outras ideias presentes em segmentos do texto, considerados então subtópicos. Na prática, os termos *tópico discursivo*, *tema* e *macroestrutura* podem ser considerados equivalentes quando se trata de montagem de atividades de ensino/aprendizagem.

Segundo Jubran et al., o tópico, tomado no sentido geral de "acerca de" que o texto fala, "manifesta-se, na conversação, mediante enunciados formulados pelos interlocutores a respeito de um conjunto de referentes explícitos ou inferíveis, concernentes entre si e em relevância num determinado ponto da mensagem" (1992: 361). Há, portanto, uma interdependência semântica dos enunciados, chamada de concernência, que desenvolve algo relevante sobre o conjunto de referentes com focalização em um ponto (trecho) da mensagem. Isso é válido tanto para textos orais quanto escritos. É o que se entende por *centração*. Para Jubran et al.,

> a topicalidade desponta como um princípio organizador do discurso, que apresenta, portanto, no plano de sua realização, uma estrutura passível de ser identificada e analisada. A descrição dessa estrutura baseia-se, assim, numa concepção de tópico entendido como unidade que comporta, além da propriedade de *centração*, uma segunda propriedade fundamental, a da *organicidade*. (1992: 362)

A **organicidade** se manifesta segundo estes autores em dois planos:

a) o *hierárquico*, em que se encontram "dependências de superordenação e subordenação entre tópicos que se implicam pelo grau de abrangência do assunto" (Jubran et al., 1992: 362-3). Há no texto, portanto, relações de interdependência vertical "de acordo com o âmbito maior ou menor com que o assunto é abrangido" (Jubran et al., 1992: 363), estabelecendo-se níveis a partir de um supertópico (aquele que não é recoberto por um superordenado dentro do texto e se equipara à macroestrutura ou tema) com subtópicos com maior ou menor grau de particularização. Assim, os tópicos hierarquicamente inferiores são constitutivos de um tópico superordenado.

b) o *sequencial*, em que se tem "as articulações intertópicas em termos de adjacências ou interposições na linha discursiva" (Jubran et al., 1992: 363). Considerando a distribuição tópica na linearidade discursiva, pode-se ter aqui a *continuidade* e a *descontinuidade*. Para Jubran et al. (1992: 364-5), "a continuidade decorre de uma organização sequencial dos segmentos tópicos, de forma que a abertura de um apenas se dá após o fechamento do outro precedente". Portanto, a continuidade acontece na dependência de duas condições: a) a da *contiguidade* no plano intertópico e b) a do *esgotamento* no plano intratópico. Já a *descontinuidade* acontece quando algo interfere na continuidade, se dá de mais de um modo, como quando outro tópico é introduzido antes de esgotar o que estava em desenvolvimento. Nesse caso, o tópico interrompido pode voltar ou não. Quando o tópico interrompido volta, podemos ter uma *inserção* (os tópicos aparecem com uma distribuição do tipo ABA) ou uma *alternância* (os tópicos aparecem com uma distribuição do tipo ABAB...). O não retorno do tópico caracteriza uma *ruptura*. Então, na descontinuidade pode ocorrer a suspensão definitiva de um tópico ou a divisão de um tópico em partes na sequência textual que não são adjacentes na linearidade do texto (Jubran et al., 1992: 365).

A cada subtópico corresponde um *segmento tópico*, que é identificado pela centração no desenvolvimento de um ou outro aspecto do tópico maior. É preciso registrar que os segmentos tópicos não coincidem necessariamente com elementos formais dos textos tais como parágrafos e estrofes. Um segmento tópico pode, por exemplo, ser parte de um parágrafo, coincidir com um parágrafo ou conter mais de um parágrafo.

Analisando a organização tópica de um texto

Apresentamos a seguir a análise da organização e estrutura tópicas de um texto, para que se tenha uma ideia mais exata e concreta do que deve ser planejado quando se trata de organização e estrutura tópicas. Para tal, vamos usar um texto informativo de divulgação, publicado pela revista *Superinteressante*, da editora Abril, que inclui linguagem verbal e não verbal, reproduzido mais adiante. Basicamente, o procedimento de análise é o mesmo usado em qualquer categoria de texto, mas, por questão de espaço, apresentamos aqui exemplo com apenas um texto.

Observe-se que a superfície linguística se adapta às características dos tipos dissertativo e descritivo, para atender ao objetivo de divulgar a existência de um robô que aprende a fazer coisas como se fosse uma criança. A superestrutura do texto inclui: o título da matéria ("Um robô diferente dos outros"), um subtítulo ou linha fina ("Baxter é o primeiro....... coisas na frente dele") e o texto apresentando o robô de forma sucinta, que se restringe às informações básicas sobre o robô (todo o restante do texto, inclusive a imagem). Se fosse, por exemplo, um texto técnico sobre o robô, ensinando a construí-lo, haveria muito mais detalhes (seleção de informações) sobre a constituição e funcionamento do robô e sobre a forma de fazê-lo funcionar. O que dizer e como dizer, obviamente, fazem parte de um planejamento para produzir o texto a partir de um objetivo. Passemos à identificação da organização e estrutura tópicas que revelam o planejamento feito para ordenar o que se decidiu dizer. O tópico discursivo do texto como um todo (como vimos, pode-se dizer também seu tema, sua macroestrutura) é "Divulgação de um novo tipo de robô".

TEXTO

SUPER NOVAS

Um robô diferente dos outros

Baxter é o primeiro que pode ser ensinado como se fosse uma criança: basta fazer as coisas na frente dele.

TEXTO *Thais Harari*

OS ROBÔS INDUSTRIAIS geralmente se resumem a um braço ou uma garra, que é programada para fazer uma tarefa bem específica. Mas o robô Baxter, que foi criado pela empresa americana Rethink Robotics, é diferente. Ele é o primeiro que pode ser ensinado a fazer qualquer coisa, por qualquer pessoa. Não é necessário programar nenhum comando. Basta pegar os braços e as mãos do robô e mexê-los, fazendo a tarefa que você quer ensinar (como colocar produtos em uma esteira ou tirá-los de caixas). Baxter observa tudo com seus olhos – câmeras – e aprende.

Se não entender alguma coisa, faz cara de confuso e pede para repetir. Ele custa US$ 25 mil, metade do preço de um robô industrial comum. A empresa pretende vendê-lo para fábricas de comida, plásticos e metais, mas ele também está sendo testado pela Nasa – que cogita usá-lo como jardineiro, na manutenção de hortas espaciais.

ANATOMIA METÁLICA

CARA SIMPÁTICA
As expressões do rosto indicam como o robô está: pronto, trabalhando, confuso, surpreso (quando detecta a aproximação inesperada de alguma pessoa), com defeito ou desligado. Também tem uma câmera superior, com a qual Baxter enxerga.

MÃOS ESPERTAS
Os braços têm aproximadamente 1 metro de comprimento, se movem em todas as direções e podem ser acoplados a vários tipos de mão – garra, pinça, pincel etc. As mãos têm microcâmeras embutidas nas pontas, para que o robô possa ver os detalhes do que está fazendo.

CORPO GENTIL
O robô foi projetado para trabalhar junto com seres humanos, sem risco de machucá-los. Por isso, tem sensores que detectam o que está acontecendo em volta – e para de se mexer se encostar em alguém (ou perceber que uma pessoa vai esbarrar nele).

16 SUPER / SETEMBRO 2014

Foto Divulgação

Fonte: HARARI, Thais. “Um robô diferente dos outros”. *Superinteressante*. ed. 337. Super/Abril-Comunicações, 1º set. 2014, p. 16 (Bruno Garattoni/Superinteressante/Abril Comunicações S/A). Foto do Robô Baxter: Courtesy of Rethink Robotics, Inc. Disponível em: <www.rethinkrobotics.com/press>. Acesso em: 15 maio 2015.

O texto apresenta os seguintes segmentos tópicos ou partes do texto, com os respectivos subtópicos que estão hierarquicamente subsumidos pelo tópico geral:

- *1º segmento tópico*: de "Os robôs industriais" até "uma tarefa bem específica". *Subtópico*: como são os atuais robôs industriais.
- *2º segmento tópico*: de "Mas o robô Baxter" até "por qualquer pessoa". *Subtópico*: o que o novo robô tem de diferente ou um robô capaz de aprender.
- *3º segmento tópico*: de "Não é necessário programar" até "e pede para repetir". *Subtópico*: como o robô aprende. (Pode-se propor que o segundo e o terceiro segmentos tópicos sejam reunidos em um só com, por exemplo, o subtópico: um robô que aprende e como aprende. Nesse caso segundo e o terceiro segmentos tópicos aqui propostos com seus subtópicos seriam subpartes desse outro segmento constituído pela junção dos dois.)
- *4º segmento tópico*: de "Ele custa US$ 25 mil" até "manutenção de hortas espaciais". *Subtópico*: perspectivas comerciais e de uso para o novo robô. O texto tem um quinto segmento tópico que, todavia, não aparece no texto básico da matéria (quadro à esquerda, na imagem da página anterior, de "Os robôs industriais" até "manutenção de hortas espaciais") devido à diagramação realizada, ao fato de que irá aparecer em uma revista e à decisão de se colocar uma foto do robô cuja divulgação está sendo feita. Isso leva a apresentar as características físicas e funcionais do robô, que constituem o quinto segmento tópico, ao lado da figura com o subtítulo "Anatomia

metálica" e constituído por três trechos, com subtítulos relativos às partes da sua anatomia, com um texto que apresenta uma correlação direta e espacial na página com a imagem da parte do robô que está sendo descrita (observe-se que há linhas ligando cada trecho à parte descrita na figura): a) "cara simpática", em que se apresentam características do rosto do robô; b) "mãos espertas", em que se fala das características de seus membros superiores; c) "corpo gentil", em que são dadas as características que permitem ao robô trabalhar com humanos sem machucá-los. Esses três subtítulos identificam subpartes do quinto segmento tópico, o que tem a ver com a organização hierárquica de tópico e subtópicos a que nos referimos. Os subtítulos podem ser vistos como o subtópico de cada subparte.

- *5º segmento tópico*: de "Anatomia metálica" até "que uma pessoa vai esbarrar nele". *Subtópico*: características físicas e funcionais de partes do robô.
  - *1ª subparte*: de "Cara simpática" até "com a qual Baxter enxerga". *Subtópico*: características do rosto do robô ou o próprio subtítulo.
  - *2ª subparte*: de "Mãos espertas" até "detalhes do que está fazendo". *Subtópico*: características dos braços e mãos do robô ou o próprio subtítulo.
  - *3ª subparte*: de "Corpo gentil" até "uma pessoa vai esbarrar nele". *Subtópico*: características do robô que lhe permitem trabalhar sem perigo junto com seres humanos.

Sem a figura, esse quinto subtópico poderia ser agregado ao texto básico, o que muito provavelmente seria feito, pela lógica do texto, antes do quarto segmento tópico acima, ou seja, antes de "Ele custa US$ 25 mil", naturalmente com adaptações necessárias. Os subtítulos poderiam permanecer ou não, dependendo do planejamento que se fizer, já que subtítulos em textos informativos, acadêmicos e assemelhados podem ter a função de identificar um novo segmento tópico. Como se pode ver, não é possível produzir um texto sem planejar como se pretende que ele seja.

Percebe-se, portanto que o texto analisado tem uma estrutura tópica hierárquica de tópico e subtópicos que pode ser representada no esquema a seguir.

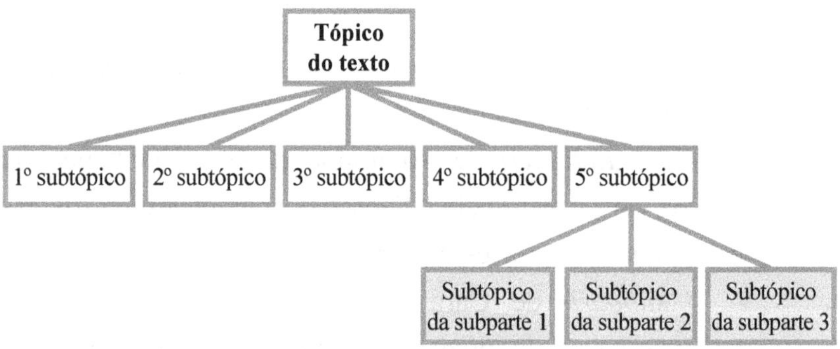

A organização e estrutura tópica e o ensino de produção de texto

A análise da organização e estrutura tópica do texto "Um robô diferente dos outros" nos evidencia que um texto sempre tem um planejamento seguido por seu produtor. Isso se vê na compreensão de textos e pode ser transformado em atividades de compreensão, que são importantes, como as de determinar o tópico (tema ou macroestrutura) e seus segmentos tópicos com os subtópicos, bem como os subsegmentos, quando for o caso, como no subtópico 5 do texto analisado. A percepção desse fato na leitura deixa claro e nos permite evidenciar para o aluno que não é possível produzir um texto sem planejá-lo, pelo menos em termos do que se vai dizer e como as informações serão agrupadas em segmentos tópicos e hierarquizadas para levar o possível interlocutor a apreender a ideia fundamental que o produtor do texto quer lhe passar ou levá-lo a aderir a uma tese (ideia ou ação pretendida) nos textos argumentativos *stricto sensu* (sabe-se que todo texto tem uma dimensão argumentativa. Aqui estamos referindo mais diretamente os textos argumentativos *stricto sensu* que requerem um olhar atento para o planejamento de como se vai convencer/persuadir o interlocutor). Em outros termos, como se organizarão as informações para atingir o objetivo estabelecido no planejamento do texto.

Assim, para a produção de texto com um dado tópico discursivo e determinado objetivo, o professor deve orientar o aluno a elaborar um esquema de subtópicos para desenvolver o tópico ou apresentar a ele um esquema segundo o qual o texto deverá ser desenvolvido. O desenvolvimento do texto de segundo plano (consubstanciado em um esquema apresentado ao aluno ou produzido por ele) permite o desenvolvimento de uma habilidade sem a qual dificilmente o aluno produzirá um texto coerente, já que a organização e estrutura tópica estão diretamente relacionadas à coerência, sendo um aspecto da mesma.

A necessidade de um planejamento da estrutura tópica para uma produção competente de um texto já foi percebida por aqueles envolvidos no ensino/aprendizagem de língua materna, mesmo antes da estruturação de uma teoria sobre organização e estrutura tópicas. Evidenciamos isso, apresentando alguns exemplos extraídos de livros didáticos de diferentes épocas, alguns dos quais registrados por Travaglia (2011) (exemplos 1 a 4). Cremos que hoje, quando a teoria já está estruturada, que os professores, estando mais bem fundamentados, devem se empenhar no desenvolvimento da competência de planejamento do texto no aspecto que focalizamos aqui. Pode-se perceber facilmente, nos exemplos, que há estratégias diferentes para a montagem do plano ou esquema de tópicos, mas é comum uma relação com a compreensão de textos quando a orientação é produzir um texto com um plano semelhante àquele identificado nas atividades de compreensão, mudando o tópico.

O primeiro exemplo está no livro didático de Bachelet (1932: 169). Pode-se perceber um tópico no título ("O menino desobediente"), mas não o objetivo a ser alcançado com o texto e o planejamento dos episódios fundamentais para o desenvolvimento de uma narração da espécie história com sua superestrutura: uma *orientação* no início (sobre como era Pedrinho) e, a seguir, a *trama* com sua *complicação* a partir do episódio "Um dia imaginou ter o prazer de......" (Que aconteceu?) e a *resolução*, proposta em "Desta vez toma........." (Por quê?)

(1)

Desenvolver a narração seguinte respondendo às perguntas postas entre parênteses.

O menino desobediente. – Pedrinho tinha o mau hábito de tocar em tudo (*Mostrai isto, citando alguns exemplos que imaginareis*). – Sua mãe, muitas vezes, o repreendia (*Que dizia ela?*) – Mas êle não se importava (*Que fazia?*) – Um dia imaginou, para ter o prazer de molestar as abelhas, de sacudir uma colméia (*Que aconteceu?*) – Volta para casa em estado deplorável (*Como está?*) – Desta vez toma uma boa resolução (*Qual? pensais que vai cumpri-la? porque?*) [Mantivemos a ortografia presente no livro].

O segundo exemplo é dado por Guimarães (1971: 15), que propõe uma atividade de produção de texto relatando o encontro com um mendigo, de acordo com um planejamento dado. A atividade é calcada no plano identificado na leitura do texto "Um cão, apenas", de Cecília Meireles, que contém quatro segmentos tópicos de acordo com suas ideias centrais (1ª parte: a autora encontra o cãozinho; 2ª parte: a autora e o cãozinho se defrontam; 3ª parte: o cãozinho vai embora; 4ª parte: conclusão: o cãozinho como símbolo). Pede-se ao aluno para produzir um texto que reproduz o plano do texto lido, na forma de crônica de base narrativa.

(2)
REDAÇÃO
Conte um encontro com um mendigo.
Use o mesmo plano de desenvolvimento de ideias do texto de Cecília Meireles:
1ª parte – seu encontro com o mendigo (situação, cenário, descrição do mendigo).
2ª parte – você e o mendigo se defrontam (atitudes, diálogo).
3ª parte – o mendigo vai embora.
4ª parte – conclusão: suas reflexões.

Procure, nas três primeiras partes, incluir, como fez Cecília Meireles, ao lado da descrição do fato, seus sentimentos diante dele.

Às vezes, os autores propõem um plano em que se misturam aspectos da organização tópica e aspectos formais da estruturação. Veja o exemplo (3) de Cherém e Quadalupe (1977: 21), que propõe a produção de um texto de base descritiva e expositiva, imitando um pouco o texto do capítulo ("Platero e eu"), que é sobre um burrico. As autoras fazem coincidir os segmentos tópicos com a divisão formal em parágrafos, o que, já vimos, nem sempre acontece, como no caso do texto "Um robô diferente dos outros", em que os quatro primeiros segmentos tópicos estão contidos em dois parágrafos. O texto provável é uma crônica contendo o perfil de um animal.

(3)
REDAÇÃO:
Escolha um animal de que você gosta e escreva sobre ele, seguindo este esquema:
1º parágrafo: descrição física do animal.
2º parágrafo: sua importância para você.
3º parágrafo: o que ele gosta de comer.
4º parágrafo: a impressão que causa nos outros.

É comum que, ao lado do esquema, o proponente da produção do texto coloque elementos para orientar a seleção de informações que podem compor um segmento tópico. Mas a escolha é do aluno, como no exemplo (1). Veja o exemplo (4) de Maciel et al. (1974: 98), em que a produção do texto proposta (que, nesse livro, vem sempre sob a epígrafe "Elaboração") está inserida em um capítulo cujo texto fala de um padeiro. É interessante que os autores propõem que a elaboração do texto se faça oralmente em sala e depois se produza em casa a versão escrita. O gênero proposto é um perfil que tem base descritiva.

(4)
ELABORAÇÃO
ESQUEMA

Na sua cidade há um tipo interessante.	Quem é: Um mendigo? Um beberrão? Um louco? Um carteiro? Um vendedor de jornais? Um padeiro?
Você sempre o encontra.	Onde: Na rua? No parque? No boteco? Na banca? Em sua casa? Por toda parte?
Ele vive em dificuldade.	Por quê: Não quer trabalhar? É inválido? Não consegue emprego? Ganha pouco? Bebe demais? É doente?
Todo mundo o conhece na cidade.	Suas características: É excessivamente alegre? Fala demais? É escandaloso? Entra na casa de cada um e conversa longamente? É muito calado? É simpático e cativa todo mundo? É muito prestativo? Usa uma linguagem que lhe é peculiar?
Quase todos o amparam.	Como: Dando-lhe esmolas? Dando-lhe afazeres? Pagando-lhe sempre bem pelos seus biscates? Ajudando-o na sua alimentação? Dando-lhe roupas?

Um último exemplo que queremos mostrar aqui está em Travaglia, Rocha e Arruda-Fernandes (2012: 264-266). Trata-se de um texto argumentativo intitulado “A menina dos fósforos”, de Lídia Rosenberg Aratangy, que conta, numa primeira parte, uma história sobre uma menina que morre de frio após querer se aquecer acendendo os fósforos que vendia, e numa segunda parte argumenta, por analogia, contra o uso de drogas. A partir do exemplo desse texto, os autores propõem a produção de um texto argumentativo com estrutura semelhante a partir da pergunta: “Uma pessoa pode ou não ajudar outra a ser mais feliz?”. O planejamento do texto segue cinco passos devidamente explicados que abrangem vários aspectos da produção do texto. Os cinco passos são:

- **1º passo:** *deixar claro sua opinião sobre o assunto.* Corresponde a estabelecer a tese a ser defendida, portanto, o objetivo do texto.
- **2º passo:** *buscar depoimentos, casos reais que sirvam de argumentos para sua tese.* É o levantamento de argumentos por exemplificação.
- **3º passo:** *imaginar o leitor.* Porque o texto tem de ser planejado para um interlocutor específico (uma pessoa ou grupo de pessoas), mesmo que seja lido por outros.
- **4º passo:** *escrever o texto.* Nesse passo as instruções vão abordar entre outros elementos a organização tópica em relação direta com a superestrutura de um texto argumentativo. Dizem os autores:

4º passo: *escrever o texto*

Você já tem:
- a tese
- argumentos
- imagem de seu leitor

Agora, mãos à obra. Não se esqueça de que seu texto deverá ter a seguinte estrutura:

(1º) depoimentos ou casos reais – relate um ou mais casos escolhidos entre os que você já conhecia ou entre os depoimentos que você ouviu.

(2º) exposição de seu ponto de vista – a partir do(s) caso(s) relatado(s), desenvolva suas ideias sobre o assunto. Seja convincente!

(3º) conclusão – elabore uma conclusão para seu texto: pode ser um resumo das ideias apresentadas ou uma sugestão para seu leitor de como agir. Ou ainda a citação de algum trecho que você leu ou palavras que você ouviu que reforçam sua opinião.

(4º) título – se ainda não deu um título a seu texto, está na hora de fazê-lo. Você pode utilizar a pergunta que motivou a produção do texto ou criar um novo. Se resolver produzir seu próprio título, saiba que um título deve ser atraente e sugestivo: ao mesmo tempo que deve dar uma ideia do que será tratado no texto, deve despertar o interesse do leitor. Seja criativo!

- **5º passo:** *revisar o texto.*

Nos exemplos anteriores, o esquema de planejamento da organização e estrutura tópicas sempre é sugerido de uma forma ou outra. Isso é pertinente em determinadas fases do desenvolvimento da competência dos alunos, mas, após mostrar a existência de um plano (o que geralmente é feito em atividades de compreensão de textos), é preciso levar os alunos a planejarem também como será o desenvolvimento de seus textos. É importante que aprendam que sem tal planejamento por escrito ou mentalmente jamais conseguirão produzir bons textos. Na verdade, o que sempre deve ser feito é uma alternância entre as atividades de produção de textos com planos propostos pelo professor, a partir de textos lidos ou não, e a produção de textos com planos elaborados pelo aluno. Tal estratégia é necessária conforme se introduza a produção de novos gêneros, que exigirão novas habilidades de planejamento na conjugação da organização e estrutura tópicas com elementos da superestrutura de cada gênero a ser produzido.

No exemplo de Travaglia, Rocha e Arruda-Fernandes (2012), propõe-se a produção de um texto argumentativo *stricto sensu*. Cabral (2010: 149), falando de argumentação e da produção de textos argumentativos, ressalta a necessidade de levar os alunos ao planejamento dos textos: "É ainda importante mostrar-lhes a importância de um bom planejamento para a escrita de um texto; antes de nos lançarmos à escrita, precisamos ter claras as conclusões às quais desejamos conduzir nossos leitores [...]. A mesma autora diz ainda:

> É importante conscientizar nossos alunos de que a argumentação depende, em grande medida, da organização do texto; da ordenação dos itens selecionados como argumentos, o que exige do produtor um planejamento, que: 1) inicia-se pela escolha dos argumentos que servem para determinada conclusão; 2) desenvolve-se, em seguida, pela escolha das palavras argumentativamente mais representativas, para reforçar ou atenuar os argumentos, conforme a intenção do locutor, pela escolha dos elementos que vão estabelecer as conexões entre os argumentos, marcando, por exemplo a hierarquia entre eles numa escala, ou a sua equivalência numa classe argumentativa; 3) culmina com a redação do texto; 4) terminando por uma boa revisão [...]. (2010: 149)

Mutatis mutandis, o que a autora diz sobre o planejamento dos textos argumentativos antes de sua produção vale para qualquer tipo de texto. O que enfatizamos é que, ao planejar, transparece a necessidade de conhecimento das categorias de texto e suas características básicas, porque, embora o planejamento referente ao aspecto da organização e estrutura tópicas seja semelhante para todas as categorias de texto, sempre há uma inter-relação com outros elementos importantes na produção do texto, não só em sua estrutura composicional (como superestrutura, linguagens usadas etc.) como também da superfície linguística do texto.

Considerações finais

Queremos acreditar que tenha ficado evidente para o(a) professor(a) a importância para o desenvolvimento da competência comunicativa do aluno (em particular da competência de produção de textos) de se conhecer sobre a organização e a estrutura tópicas e de planejá-las antes da produção dos textos. Portanto, organização e estrutura tópicas devem ser objeto de trabalho tanto nas atividades de compreensão de textos quanto nas atividades de produção de textos. Mesmo que esse trabalho não apareça em livros didáticos (o que é comum), cabe ao professor organizá-lo e introduzi-lo em sala de aula.

Finalmente, é preciso lembrar que, mesmo que se focalize um determinado aspecto do planejamento de um texto para sua produção, há sempre uma correlação inarredável com outros aspectos fundamentais para a construção de um texto que se possa considerar bem construído, para servir de instrumento em uma interação comunicativa específica. Em vários momentos, expusemos esses vários aspectos e mostramos um pouco dessa correlação que o professor não pode esquecer.

Referências Bibliográficas

BACHELET, Mário. *Novo manual de língua portuguesa*: gramática, lexicologia, análise, composição. Rio de Janeiro: Francisco Alves, 1932. (Coleção de livros didáticos – F.T.D.).

CABRAL, Ana Lúcia Tinoco. *A força das palavras*: dizer e argumentar. São Paulo: Contexto, 2010. (Linguagem e Ensino).

CHERÉM, Jane; QUADALUPE, Maria Neusa. *Comunicação e expressão* – língua portuguesa 6ª série, 1º grau. 2. ed. Belo Horizonte: Livraria Lê Editora, 1977, v. 2.

GUIMARÃES, Magda Soares. *Português através de textos* – 2ª série. 6. ed. Belo Horizonte: Bernardo Álvares, 1971.

JUBRAN, Clélia Cândida A. S. et al. Organização tópica da conversação. In: ILARI, Rodolfo (org.). *Gramática do português falado* – níveis de análise linguística. Campinas: Ed. da Unicamp, 1992, v. 2, pp. 357- 447.

MACIEL, Carlos et al. *Português*: treinamento/criatividade – 1º grau, 7ª série. Belo Horizonte: Vigília, 1974.

TRAVAGLIA, Luiz Carlos. Gramática no nível textual e ensino: organização tópica, leitura e produção de textos. In: CABRAL, Ana Lúcia Tinoco; SANTOS, Sônia Sueli Berti (orgs.). *Discursos em diálogo*: leitura, escrita e gramática. São Paulo: Terracota, 2011, pp. 67-95.

TRAVAGLIA, Luiz Carlos; ROCHA, Maura Alves de Freitas; ARRUDA-FERNANDES, Vania Maria Bernardes. *A aventura da linguagem*: Língua Portuguesa, 8º ano. Belo Horizonte: Dimensão, 2012.

As perspectivas dos PCNs para o ensino reflexivo da língua e da produção de textos

Fábio André Coelho

Àqueles que se interessam pelo ensino da língua portuguesa e da produção de textos, tornam-se importantes as leituras de trabalhos norteadores da prática linguística do professor, a fim de orientá-lo, quanto aos métodos, e esclarecê-lo quanto aos conceitos. Tal encaminhamento se faz necessário para que haja a apreensão das informações contidas nos PCNs (Parâmetros Curriculares Nacionais) (2001). Na prática, devemos evitar que cada docente ou grupo de docentes faça a sua interpretação dos conteúdos do manual e, consequentemente, ocorram alguns equívocos, mal-entendidos acerca daquilo que se deseja, idealiza, almeja na sala de aula. Desde 1998, os conteúdos dos PCNs – que se deveriam tornar uma ferramenta indispensável na esfera do ensino fundamental e médio, pois objetivam apontar metas de qualidade que ajudem o aluno a enfrentar o mundo real como cidadão participativo, reflexivo e autônomo, conhecedor de seus direitos e deveres – tornaram-se, muitas vezes, um emaranhado de interpretações equivocadas.

Os objetivos dos PCNs direcionam as atividades escolares para o exercício da cidadania, articulando experiências e conhecimentos num currículo escolar coerente e condizente às realidades do alunado. A criação do documento se deve à intenção de aplicá-lo como instrumento útil no apoio às discussões pedagógicas, na montagem de projetos educativos, na organização das aulas, na reflexão sobre as práticas de ensino e na análise dos materiais didáticos, viabilizando plena atualização dos professores. Também se inclui na proposta dos PCNs a possibilidade de ampliar e integrar a educação básica como marco fundamental no desenvolvimento das competências e habilidades do aluno.

A pretensão exposta pelos PCNs não é ser uma espécie de roteiro para o professor. A intenção prescrita no documento esclarece as metas e os objetivos de qualidade, expondo sempre a preocupação em formar indivíduos pensantes e conscientes dos seus direitos e deveres. Torna-se necessária a participação dos envolvidos no processo de ensino-aprendizagem, com a soma das partes, resultando na eficácia do ensino linguístico. Os PCNs norteiam o ensino ideal como aquele que se fundamenta na interação entre os elementos que compõem o cotidiano escolar (professores, alunos, pais, escola, comunidade), respeitando a realidade sociocultural das partes envolvidas no processo.

Outra questão destacável nos PCNs refere-se ao caráter instrumental da língua portuguesa, reforçando a prática da cidadania. Faz-se necessário o conhecimento das estratégias de leitura, da produção de textos, das variações linguísticas e da gramática, para que o aluno, de fato, conduza de forma produtiva as situações de comunicação. Mais do que ensinar a norma culta, pretende-se buscar o dinamismo e a mobilidade que poucos exploram.

Há algum tempo, os professores vêm refletindo sobre a reformulação de algumas práticas pedagógicas, diante do processo da *democratização do ensino*. A primeira questão diz respeito ao acesso às escolas, problematizando a qualidade em detrimento da quantidade. A preocupação, por vezes, deixa de ser com a qualidade do ensino, e a necessidade de se praticar uma *escola para todos* cria uma situação indesejada: salas lotadas, poucos professores, enfim, fatores que prejudicam a aprendizagem. O segundo ponto que destacamos refere-se à quantidade de incentivos científicos e tecnológicos para o exercício da atividade pedagógica. Várias são as ciências que passaram a contribuir e, a cada dia, apresenta-se uma nova maneira de se olhar a educação. Isso não se configura uma crítica negativa, mas chamamos a atenção para o fato de ainda estarmos em momentos de experiências e vivências dessas contribuições. A informática, hoje, por exemplo, é grande parceira do ensino de língua portuguesa e sua utilização deve ser planejada e organizada, nos variados contextos da sala de aula. Não se pode afirmar que a leitura de um texto na tela de um computador proporcionará o mesmo prazer do encontro com os elementos da narrativa da leitura na folha de papel. É outra experiência, nem melhor, nem pior. O livro tem o seu lugar de destaque na apresentação do mundo fantástico/fictício x mundo verídico/real, pois, a cada *passar de páginas*, uma nova imagem/leitura se descortina para o leitor. Assim, pensamos que a sabedoria do professor está em conjugar os antigos métodos com as novas tecnologias.

A orientação estabelecida pelos PCNs nos faz observar uma nova maneira de trabalharmos com os instrumentos linguísticos, buscando a valorização da proficiência comunicativa e textual na prática das modalidades de uso da língua. Conjuguemos o ensino da gramática normativa, com a visão mais ampla de usuário, responsável por articular as possibilidades expressivas, adequando-as ao seu contexto comunicacional. No tocante à participação social do sujeito no processo linguístico, os PCNs afirmam que:

> O domínio da língua tem estreita relação com a possibilidade de plena participação social, pois é por meio dela que o homem se comunica, tem acesso à informação, expressa e defende pontos de vista, partilha ou constrói visões de mundo, produz conhecimento. Assim, um projeto educativo comprometido com a democratização social e cultural atribui à escola a função e a responsabilidade de garantir a todos os seus alunos o acesso aos saberes linguísticos necessários para o exercício da cidadania, direito inalienável de todos. (2001: 23)

Entendemos que quanto mais se pratica a língua, mais há possibilidade de se tornar proficiente nela. Percebemos que, com base na postulação feita pelos PCNs, a escola precisa desenvolver no aluno a capacidade de interpretação de diferentes textos que circulam na sua vida social. A expectativa é que ele assuma autonomia e autoridade diante de cada palavra empregada em seu discurso e, como pleno cidadão, produza textos aplicáveis nas diversas situações cotidianas. Fica o registro de que o tempo de vida escolar (em média, 12 anos), pelo qual cada aluno passa, necessita ser dedicado ao alcance dos reais objetivos de torná-lo um cidadão linguístico, detentor da consciência sobre as palavras empregadas em seus textos. Nesse sentido, seguem as palavras dos PCNs:

> Toda educação verdadeiramente comprometida com o exercício da cidadania precisa criar condições para o desenvolvimento da capacidade de uso eficaz da linguagem que satisfaça necessidades pessoais – que podem estar relacionadas às ações efetivas do cotidiano, à transmissão e busca de informação, ao exercício da reflexão. De

> modo geral, os textos são produzidos, lidos e ouvidos em razão de finalidades desse tipo. Sem negar a importância dos que respondem a exigências práticas da vida diária, são os textos que favorecem a reflexão crítica e imaginativa, o exercício de formas de pensamento mais elaboradas e abstratas, os mais vitais para a plena participação numa sociedade letrada. (2001: 30)

O ensino de língua portuguesa deve-se centrar na sua valorização social, nas reflexões sobre atividades destinadas à aprendizagem e na busca de alternativas metodológicas. Esperamos que o professor, como agente desse processo, conduza o aluno no caminho da realização pessoal. Afinal, quem não quer ter o domínio da fala e da escrita, em qualquer situação de comunicação? É preciso que o professor também avalie seus conceitos e métodos pedagógicos. Um dos fatores de desestímulo na sala de aula parte da seleção de textos. Ainda hoje, alguns professores têm dúvidas se *devem* ou não adotar os textos literários em suas aulas de língua portuguesa. O medo da leitura dos clássicos se reflete na postura de uma parcela dos alunos, provocando aversão à prosa literária ou poesia. Uma barreira se impõe, impedindo as oportunidades de aprendizagem linguística contextualizada com a história e a cultura popular. Em determinados casos, percebe-se uma priorização pelos textos jornalísticos/publicitários, na maioria textos curtos, rápidos, servindo apenas para uma situação de exemplificação do conteúdo estudado. O diálogo com outros textos e a percepção das tipologias textuais adquire lugares menos significativos, em decorrência da velocidade acelerada da informação. Não desconsideramos os textos jornalísticos/publicitários. Pelo contrário, os textos midiáticos e aqueles que conjugam a linguagem verbal e a não verbal são enriquecedores para a compreensão do mundo, das notícias, dos acontecimentos. Recorremos à Maria Teresa G. Pereira:

> Sabemos que se trata de uma linguagem plena porque nos permite "ver" o que acontece, participando, concretizando, sentindo-nos dentro do texto e não distanciados para, ao final, apre(e)nder a experiência em sua totalidade. [...]
> O autor de qualquer tipo de texto usa palavras orais e escritas, mas através delas, "vemos" o que se diz como numa grande tela. As palavras escolhidas, as estruturas em que se inserem, as imagens resultantes, nos permitem acompanhar o texto. Não somos espectadores distantes, passivos. As impressões sensoriais que nos acometem possibilitam que, efetivamente, façamos parte daquele processo em desenvolvimento. Construímos sentidos como íntimos do texto, conhecedores dos seus meandros e motivações, já que nos posicionamos internamente, conduzidos pelos mestres-artífices daquela carpintaria verbal. Assemelha-se a uma fotografia viva cuja animação é manipulada pelo produtor do texto (2001: 259).

Consideramos necessário o alerta, em respeito às múltiplas possibilidades de aquisição dos padrões e particularidades linguísticas.

A valorização de sentido dada pelo leitor é o que torna o texto uma sequência significativa de enunciados, embora cada um possa expressar sua dosagem de interpretação, entendendo que cada autor prevê um leitor-modelo capaz de contribuir para a compreensão textual e de transitar nas possibilidades interpretativas. Na obra *PCNs de Língua Portuguesa: a prática em sala de aula*, Eliana Vianna Brito destaca:

> Em situação escolar, para capacitar o aluno a se tornar um leitor proficiente, é necessário, entre outras coisas, orientá-lo no sentido de que ele utilize adequadamente as estratégias de leitura, bem como capacitá-lo a deslinearizar a leitura, construindo hipóteses sobre o sentido do texto a partir de uma abordagem global, que pode ocorrer pela identificação dos índices formais, temáticos e enunciativos a serem interpretados. (2001: 37)

Cabe ao professor planejar e coordenar as atividades de ensino que permitam a produção dos discursos, a determinação dos gêneros e as formas dos textos, com suas análises. Se é possível entendermos cada gênero com suas peculiaridades, ambientado num inter-relacionamento de grupos sociais, o ensino de língua portuguesa, assim, configurar-se-á um instrumento de socialização, permitindo ao usuário a possibilidade de participação e interação em qualquer atividade comunicativa. Os PCNs ainda esclarecem:

> O discurso, quando produzido, manifesta-se linguisticamente por meio de textos. Assim, pode-se afirmar que texto é o produto da atividade discursiva oral ou escrita que forma um todo significativo e acabado, qualquer que seja sua extensão. É uma sequência verbal constituída por um conjunto de relações que se estabelecem a partir da coesão e da coerência. Esse conjunto de relações tem sido chamado de textualidade. Dessa forma, um texto só é um texto quando pode ser compreendido como unidade significativa global, quando possui textualidade. Caso contrário, não passa de um amontoado aleatório de enunciados. (2001: 25-6)

E mais:

> Todo texto se organiza dentro de um determinado gênero. Os vários gêneros existentes, por sua vez, constituem formas relativamente estáveis de enunciados, disponíveis na cultura, caracterizados por três elementos: conteúdo temático, estilo e construção composicional. Pode-se ainda afirmar que a noção de gêneros refere-se a "famílias" de textos que compartilham algumas características comuns, embora heterogêneas, como visão geral da ação à qual o texto se articula, tipo de suporte comunicativo, extensão, grau de literariedade, por exemplo, existindo em número quase ilimitado. (2001: 26)

É fundamental, então, entendermos os significados de *texto*, *discurso*, *gêneros textuais*, e aplicá-los de forma apropriada, com propostas de atividades proveitosas. Os esclarecimentos dos PCNs nos oferecem as diretrizes para conhecer os fundamentos teóricos da prática linguística e a adequação de determinados conceitos na elaboração dos objetivos das etapas do ensino. O documento não tem em sua essência a pretensão de apontar soluções práticas para as situações de sala de aula, tampouco nos serve como manual de instruções de aprendizado da língua portuguesa. Esperamos que a sua leitura provoque reflexões sobre alguns aspectos metodológicos e auxilie na atuação pedagógica do professor.

Há de se destacar a motivação causada, em muitos educadores, no sentido de pensarem nas práticas do sistema pedagógico, com vistas a melhorar as propostas de ensino e vislumbrar um aluno preparado para exercer a sua plena cidadania.

Quanto à prática de reflexão sobre a língua, os PCNs associam-na às atividades relacionadas à análise linguística chamadas de epilinguísticas e metalinguísticas, que possuem semelhanças, mas se diferem na finalidade prática. Enquanto a epilinguística se volta para o uso da língua e a reflexão sobre fatos textuais/linguísticos, buscando a melhor utilização dos recursos expressivos e com a finalidade de causar maior efeito na situação de comunicação, a metalinguística se volta para a descrição dos fatos da língua, com base na categorização e sistematização dos elementos linguísticos, ou seja, nos conceitos e classificações. Dizem os PCNs que:

> Se o objetivo principal do trabalho de análise e reflexão sobre a língua é imprimir maior qualidade ao uso da linguagem, as situações didáticas devem, principalmente nos primeiros ciclos, centrar-se na atividade epilinguística, na reflexão sobre a língua em situações de produção e interpretação, como caminho para tomar consciência e aprimorar o controle sobre a própria produção linguística. E, a partir daí, introduzir progressivamente os elementos para uma análise de natureza metalinguística. O lugar natural, na sala de aula, para esse tipo de prática parece ser a reflexão compartilhada sobre textos reais. (2001: 39)

Esclarecemos que os termos "análise linguística", "atividade linguística", "atividade epilinguística" e "atividade metalinguística" são utilizados por dois especialistas da linguagem, Carlos Franchi (1998) e João Wanderley Geraldi (2003), na tentativa de mudar o caráter sistemático do ensino de língua padrão. Essa abordagem revela, em perspectiva diacrônica, como as pesquisas sobre linguagem e o ensino têm apresentado propostas de novas metodologias, tratando os conteúdos com adequação teórica e funcionalidade. Nos trabalhos, percebemos uma preocupação maior com o desenvolvimento das competências e das habilidades dos alunos, no que se refere à valorização do uso social da linguagem e a busca pela manifestação coerente de sentidos na fala e na escrita. A capacidade de organização, provocação argumentativa, associações e a criação de novas ocorrências semânticas tornam-se resultantes dessa ação. Brito avalia:

> Parece simples, mas o grande desafio para o professor é aliar a análise linguística a situações de uso efetivo da linguagem, construindo explicações e descrições a partir das regularidades observadas em textos significativos para os alunos. (2001: 97)

Para uma leitura explícita e coerente dos PCNs, é aconselhável que o leitor observe suas orientações e aplicações no contexto escolar. Percebemos, em alguns momentos, a resistência em trabalhar com propostas de (re)conhecimento da língua. Acreditamos que isso se deve, em parte, a uma interpretação equivocada dos Parâmetros, causada pela compreensão equivocada das informações contidas neles. Após a leitura diligente dos PCNs, cremos que poucos trechos podem ser tratados como confusos ou inadequados. Considerá-los incompletos, sim, mas é difícil aceitarmos a hipótese da falta de clareza do texto. Há perguntas, como "Por que o professor não consegue aplicar, de forma eficaz, as orientações dos PCNs na sua prática de ensino de língua materna?", "Quais as causas para essa dificuldade na leitura de um documento que se apresenta, numa visão geral, como objetivo, claro e conciso?". Encontramos possíveis respostas na visão de alguns críticos ao afirmarem a impossibilidade de esse documento se aplicar à realidade brasileira, tendo em vista a má formação dos professores, as condições de trabalho, entre outras, mas nenhuma responde, de forma convincente. É possível que, com formação pedagógica de qualidade e condições dignas de trabalho, os professores apresentem maior probabilidade de executarem suas tarefas e possam participar de programas de estudos. Falar da língua portuguesa, tratar dos seus aspectos linguístico-expressivos, abordar temas instigantes da gramática normativa, ler os clássicos da literatura universal devem manter lugares de prestígio na sala de aula. Torna-se aconselhável que preservemos esses valores e práticas e que façamos o possível para que a leitura dos PCNs norteie abordagens reflexivas e motivadoras. Para reforçar a nossa análise e corroborar aquilo que, de fato, consideramos relevante nas propostas dos PCNs, contamos com as palavras de Brito:

> A justificativa está na concepção ampla de análise linguística que incorpora, além das questões gramaticais e fonéticas, os aspectos semânticos e pragmáticos relacionados à produção e recepção de discursos. Portanto, a mudança não é de rótulos e sim de concepção de língua e de objetivo de ensino, afetando a metodologia a ser utilizada em sala de aula e o conteúdo a ser trabalhado. (2001: 97)

Assim se concebe a estrutura linguística como forma de interação entre todos os elementos pertencentes à esfera escolar, social e as culturas envolvidas no processo de comunicação. O aluno, por sua vez, sente-se valorizado e a língua, pontualmente, se coloca como algo produtivo: o discurso.

Entendemos que a aplicação dos pressupostos indicados nos PCNs é realizada quando o trabalho do professor se pauta, essencialmente, na análise de textos e a sua interpretação, produção e compreensão. A oralidade, pouco trabalhada nos livros didáticos e nas atividades do professor, ganha espaço com os PCNs levando em consideração as atividades de análise e produção de textos orais. A diversidade de textos orais e/ou escritos, literários, musicais e/ou jornalísticos favorece a percepção do aluno em relação aos fatos da língua. A possibilidade de dar sentido e funcionalidade às práticas de dicção, entonação, gesto e postura torna-se latente e o que verificamos é a conferência de sentidos a tudo o que é dito, escutado e compreendido.

As orientações do documento nos remetem a algo importante para a atividade reflexiva sobre a língua: o respeito pelas formas de expressão oral de cada aluno, de seus locais de origem, e a necessidade de dedicação do professor em fazê-lo perceber a devida adequação aos contextos comunicativos, diante dos interlocutores, com intenções discursivas diversas. Mais do que trabalhar com a língua materna, aqui se configura um trabalho com a linguagem, atravessando todas as áreas do conhecimento e provocando, por sua vez, um diálogo intertextual. Quanto ao trabalho com a oralidade, os PCNs alertam:

> Além das atividades de produção é preciso organizar situações contextualizadas de escuta, em que ouvir atentamente faça sentido para alguma tarefa que se tenha que realizar ou simplesmente porque o conteúdo valha a pena. Propostas desse tipo requerem a explicação prévia dos seus objetivos, a antecipação de certas dificuldades que podem ocorrer, a apresentação de pistas que possam contribuir para a compreensão, a explicitação das atitudes esperadas pelo professor ao longo da atividade, do tempo aproximado de realização e de outros aspectos que se façam necessários. Mais do que isso, é preciso, às vezes, criar um ambiente que convide à escuta atenta e mobilize a expectativa: é o caso, por exemplo, dos momentos de contar histórias ou relatos (o professor ou os próprios alunos). A escuta e demais regras do intercâmbio comunicativo devem ser aprendidas em contextos significativos, nos quais ficar quieto, esperar a vez de

> falar e respeitar a fala do outro tenham função e sentido, e não sejam apenas solicitações ou exigências do professor. (Brasil, 2001: 52)

Palavras finais

Talvez tratemos de um assunto bastante conhecido, mas pouco abordado, devido à tensão que se instaura ao falarmos da formação dos professores e, consequentemente, da ausência de alguns conteúdos teóricos. A primeira alternativa que vem à tona para auxiliar nesse processo de atualização dos conhecimentos é a viabilização da formação continuada dos professores, com investimentos dos governos, e com mais regularidade e organização. Não negamos a realização de cursos de extensão ou atualização, em várias partes do país, mas ainda notamos que as ocorrências poderiam ser maiores. Reiteramos a ideia de que é possível um ensino produtivo de língua portuguesa com perspectivas funcionais que possam desenvolver a competência comunicativa e textual da comunidade escolar.

Referências Bibliográficas

Brasil. *Parâmetros Curriculares Nacionais* – terceiro e quarto ciclos do ensino fundamental: língua portuguesa. Brasília: MEC/SEF, 2001.

Brito, Eliana Vianna (org.). *PCNs de língua portuguesa:* a prática em sala de aula. São Paulo: Arte & Ciência, 2001.

Franchi, Carlos. *Criatividade e gramática.* São Paulo: SE/CENP, 1998.

Geraldi, João Wanderley. *Portos de passagem.* 4. ed. São Paulo: Martins Fontes, 2003.

Pereira, Maria Teresa Gonçalves. A linguagem não verbal no texto escrito: da apropriação da imagem pela palavra. In: Azeredo, J. C. (org.). *Letras e comunicação:* uma parceria no ensino de Língua Portuguesa. Petrópolis, RJ: Vozes, 2001.

Os organizadores

Fábio André Coelho

Professor adjunto de Língua Portuguesa e Filologia do Instituto de Letras, da Universidade do Estado do Rio de Janeiro (UERJ). Mestre em Literatura Portuguesa e doutor em Língua Portuguesa pela UERJ. Suas áreas principais de pesquisa são: língua portuguesa, estilística, leitura, metodologia de ensino de língua e literaturas, prática de ensino de língua e literaturas, literatura portuguesa, literatura infanto-juvenil e linguística. Professor pesquisador do Grupo de Pesquisa Descrição e Ensino de Língua: Pressupostos e Práticas (CNPq).

Roza Palomanes

Professora adjunta de Linguística na Universidade Federal Rural do Rio de Janeiro (UFRRJ), possui especialização em Língua Portuguesa pela Universidade do Estado do Rio de Janeiro (UERJ), mestrado e doutorado em Linguística pela Universidade Federal do Rio de Janeiro (UFRJ). É professora pesquisadora do Grupo de Pesquisa ELMEP – Estudos Linguísticos, Multiletramentos e Ensino de Língua Portuguesa (CNPq). Possui 30 anos de experiência, como professora de Língua Portuguesa na rede pública de ensino básico, além de ampla experiência no curso superior. É professora do Profletras – Mestrado Profissional em Letras – da disciplina Função Sociossimbólica da Linguagem. É coautora do livro *Manual de linguística* e coautora e organizadora do livro *Práticas de ensino do português*, ambos publicados pela editora Contexto, além de assinar artigos na área de Linguística.

Os autores

Claudia de Souza Teixeira

Possui graduação em Letras (Português-Inglês) pela Universidade do Estado do Rio de Janeiro (UFRJ), especialização em Linguística Aplicada ao Português (Faculdades Integradas Simonsen), mestrado e doutorado em Letras Vernáculas pela mesma instituição. Tem ampla experiência como professora do ensino básico e superior. Professora de Língua Portuguesa, Literatura e Metodologia da Pesquisa do Instituto Federal de Educação, Ciência e Tecnologia do Rio de Janeiro – campus Nilópolis. Ministra cursos de capacitação e de atualização para professores, participa de bancas de elaboração e de correção de provas em processos seletivos para alunos e professores, além de orientar pesquisas sobre língua portuguesa e literatura (incluindo questões de ensino) e cultura. É uma das autoras do livro *Análise e produção de textos*, publicado pela Editora Contexto.

Darcilia Simões

Professora associada de Língua Portuguesa do Instituto de Letras da Universidade do Estado do Rio de Janeiro (UERJ). Pós-doutora em Linguística na Universidade Federal do Ceará (UFC) e em Comunicação e Semiótica pela Pontifícia Universidade Católica (PUC-SP), doutora em Letras Vernáculas pela UFRJ, mestre em Letras pela Universidade Federal Fluminense (UFF). Desenvolve pesquisas para aperfeiçoamento das práticas de ensino da língua portuguesa – L1, L2 e LE. Assina livros, capítulos e artigos sobre Língua Portuguesa, Linguística Aplicada ao Ensino e Semiótica.

Leonor Werneck dos Santos

Graduação em Português-Literaturas na Universidade Federal do Rio de Janeiro (UFRJ), tem mestrado e doutorado em Letras Vernáculas (Língua Portuguesa) pela mesma universidade. Ex-professora de ensino fundamental e médio (Colégio Pedro II, rede municipal e particular do Rio de Janeiro). Desde 1995, atua como docente de Língua Portuguesa da UFRJ e é professora associada II. Professora no Profletras da disciplina Texto e Ensino.

Lygia Maria

Mestranda em Letras pela Universidade Federal Rural do Rio de Janeiro (UFRRJ), especialista em Língua Portuguesa pelo Liceu Literário Português e graduada em Letras (Português/Literaturas) pela Universidade Federal Fluminense (UFF). Experiência como professora de Língua Portuguesa em escolas públicas e privadas, cursos preparatórios, faculdades e no ambiente corporativo. Atuação na modalidade a distância, como professora especialista e tutora.

Luiz Carlos Travaglia

Mestre em Letras (Língua Portuguesa) pela Pontifícia Universidade Católica do Rio de Janeiro (PUC-RJ), doutor em Linguística pela Universidade Estadual de Campinas (Unicamp) e pós-doutorado em Linguística pela Universidade Federal do Rio de Janeiro (UFRJ). É professor associado do Instituto de Letras e Linguística da Universidade Federal de Uberlândia (UFU). Publicou diversos livros e artigos em livros e revistas. Atua na área de Linguística, com ênfase em Linguística Textual e em Linguística Aplicada ao Ensino e Aprendizagem de Língua Materna. Em seu currículo Lattes, os termos mais frequentes na contextualização da produção científica, tecnológica e artístico-cultural são: texto, verbo, ensino, tipologia textual, gramática, coesão, ensino de gramática, coerência, discurso e gramaticalização.

Irandé Antunes

Possui graduação em Línguas Neolatinas pela Universidade Federal do Ceará (UFC), mestrado em Linguística pela Universidade Federal de Pernambuco e doutorado em Linguística pela Universidade de Lisboa, com tese defendida sobre a coesão do texto. Professora e pesquisadora da Universidade Estadual do Ceará (UECE), especialista de Língua Portuguesa, junto à Secretaria de Educação de Pernambuco e especialista de Língua Portuguesa, junto ao Ministério da Educação. Como professora e pesquisadora, exerce ampla atividade de divulgação científica, sobretudo, junto a professores de Língua Portuguesa em cursos, palestras e debates em torno de temas como: língua, texto e discurso, gêneros textuais, produção escrita, leitura e formação de professores.

Maria Teresa G. Pereira

Concluiu o doutorado em Letras Vernáculas na Universidade Federal do Rio de Janeiro (UFRJ) e o pós-doutorado em Leitura na Pontifícia Universidade Católica do Rio Grande do Sul (PUC-RS). É professora titular de Língua Portuguesa da Universidade Estadual do Rio de Janeiro (UERJ), com dedicação exclusiva, e procientista (UERJ/FAPERJ). Atua como professora convidada em instituições particulares na pós-graduação *lato sensu*. Publica em periódicos, anais e livros nacionais e internacionais na área da Leitura e da Língua Portuguesa. Coordena o mestrado e o doutorado em Língua Portuguesa e a Pós-Graduação *stricto sensu* da UERJ. Pesquisa sobre a elaboração de um programa de Língua Portuguesa para a Educação de Jovens e Adultos (EJA). Termos mais frequentes na contextualização da produção científica: língua portuguesa, ensino, linguagem, leitura, gêneros textuais, estilística, expressividade.